湛庐CHEERS

与最聪明的人共同进化

HERE COMES EVERYBODY

[希] 克里斯·阿吉里斯　著
Chris Argyris

慈玉鹏　译

克服组织防卫

OVERCOMING ORGANIZATIONAL DEFENSES

天津出版传媒集团
天津科学技术出版社

上架指导：管理

天津市版权登记号：图字 02–2020–157 号

图书在版编目（CIP）数据

克服组织防卫 / (希) 克里斯·阿吉里斯著；慈玉鹏译. -- 天津：天津科学技术出版社，2022.10

书名原文：Overcoming Organizational Defenses

ISBN 978-7-5742-0543-7

Ⅰ. ①克… Ⅱ. ①克… ②慈… Ⅲ. ①企业管理 - 组织行为学 Ⅳ. ① F272.9

中国版本图书馆 CIP 数据核字 (2022) 第 171411 号

克服组织防卫

KEFU ZUZHI FANGWEI

责任编辑：房　芳

责任印制：兰　毅

出　　版：天津出版传媒集团 / 天津科学技术出版社

地　　址：天津市西康路 35 号

邮　　编：300051

电　　话：（022）23332397（编辑部）

网　　址：www.tjkjcbs.com.cn

发　　行：新华书店经销

印　　刷：石家庄继文印刷有限公司

开本 710×965　1/16　印张 17.5　字数 183 000

2022年10月第1版第1次印刷

定价：99.90元

探究组织防卫

士气、满意度与忠诚度已经成为打造并维持组织人性面的指标。我在本书中指出，由于多数组织（无论是私营组织还是公共组织）都存在防卫，所以这些指标可能会适得其反，损害组织绩效。充满防卫的组织中也可能有高昂的士气、较高的满意度与忠诚度，因为成员可以无所顾忌地推卸实现组织卓越绩效的个人责任。例如，在某大型企业中，员工制定允许对组织进行批评的规范，但又对批评太多加以苛责。在另一家企业，管理者们认为自己被剥夺了权力，并对此无能为力，但在有了获得权力的真正机会时，他们采取的行动却加剧了被去权的程度。在某大型政府机构中，所谓的高昂士气来自一种浅薄的或表面的责任感，这种责任感受到官僚主义的鼓励。

我们逐步认识到，为了实现卓越绩效，学习、能力、公正是比士气、满意度、忠诚度务实得多的基础。

第一项基础是学习，它明确了如何察觉并纠正偏差①，尤其是那些错综复杂的、可能令人感到尴尬或威胁的偏差。第二项基础是能力，它意味着要以真正有效的方式解决问题，并提高组织在未来解决问题的能力。第三项基础是公正，它立足于一系列价值观和规则（在本书中是关于组织健康的价值观和规则），无论员工在组织中处于何种职位，这些价值观和规则都同等适用。在本书中，我着重阐述了上述三项基础。

本书直接针对组织防卫，揭示了组织成员心知肚明却加以回避和掩盖的防卫行为。我想把不可讨论的话题变得可讨论。

本书适合那些想减少组织防卫所造成损害的管理者和研究者，也适合任何领域的咨询顾问，他们致力于为客户解决问题，从而带来更多价值。管理咨询是一个快速发展的行业，应聚焦于识别和消除组织防卫，因为相比于其他因素，组织防卫更可能损害咨询顾问为客户提供的价值。本书也适用于组织发展（Organizational Development，OD）、组织行为、人力资源，以及战略、会计、金融、制造、营销和信息技术方面的教材。

经过多年探究，《克服组织防卫》一书中的观点不断完善，其中有些观点在多年前已提出，也有些观点是首次提出。本书的主要贡献是把这些观点整合为概念框架，既可用来概括许多组织

① “偏差”（error），在阿吉里斯的语境中，偏差是指“成果与预期的不一致”，但其本身并非错误，而是在表明出现了错误。——译者注

的普遍情况，也可用来分析特定的、具体的案例。

迄今为止，关于组织防卫的研究，首要焦点都在于增加理解，其目的是减少人们因无知而造成的人为偏差。我称之为“一级偏差”，因为这是所有个人及组织面临的最显性的偏差类型，父母、朋友、中小学、大学、宗教组织以及其他机构都有责任减少一级偏差。

本书聚焦于那些不太容易察觉却至关重要的偏差，即人为设计的偏差，我将这种设计性偏差（designed errors）称为“二级偏差”，它建立在一级偏差的基础之上。

对于不希望或不想要的结果，人们往往缺少动力。然而，在设计和制造偏差上，人们却自动走进了进退两难的境地。设计性偏差是无效的要因，人们却把它作为组织机构生存发展的必要条件。这是一个悖论：损害成效的因素导致组织机构的生存越来越受制于平庸的学习、能力与缺乏公正的判断标准。

人为设计偏差违背了管理层的核心职责，因此往往被掩盖起来，并且掩盖行为也被掩盖。如果人们学会掩饰是为了在组织中生存，避免激怒组织中的相关人员，那么他们很快就会视其为必要的、实用的、务实的甚至是体贴的行为。一旦出现这种情况，他们往往会停止质疑造成设计性偏差的原因。正如我们所见，实际上他们甚至会停止思考或关注这个问题，他们会变得麻木、盲目，并对此视而不见。

如果管理者存在这种心态，组织就难以贯彻战略、成本核算、营销、制造、财务、信息技术、人力资源等方面的最新观念，因为这些观念需要基于严密的、严谨的推理而非防卫性推理[1]。更重要的是，设计性偏差及相应的掩饰行为会导致不必要却貌似合理的不道德行为。

关于导致这些后果的缘由，有两种解释，但都违背了管理层的正式职责。第一，人们在这么做时意识不到自己制造了偏差；第二，人们知道自己正在制造某种偏差，但已经想出了让偏差看起来不像是偏差的方法。

熟练的无能[2]

以上两种解释都有其合理性，人们意识不到自己制造了偏差，是因为他们条件反射地采取了行动，驾轻就熟，并认为理所当然。此外，正如后文所讲，人们信奉效率论，这些理论促使他

① 防卫性推理（defensive reasoning），通过不恰当地指责他人，有选择地收集和使用有利于自己的信息，以获得控制权和避免失败感的沟通行为。——译者注

② 熟练的无能（skilled incompetence），《管理科学技术名词》将其定义为，高管人员和专业人员由于熟练的技能和丰富的经验而造成的职业性防卫反应，良好的教育背景、专业训练和管理经验使他们坚守自己的行动信念，难以对目标提出疑问，妨碍向双环学习（double-loop learning）的转变。——译者注

们对自己制造偏差的行为视而不见，他们已经学会了熟练地行动，结果导致了无能。

组织防卫

关于第二种解释，即人为制造偏差并将其故意掩盖为非偏差，这符合组织防卫模式，旨在防止相关人员遭遇尴尬或感到威胁，但这种理由必须隐藏起来。承认有必要掩盖尴尬或威胁，本身就令人感到尴尬或威胁。在第 3 章和第 4 章，我将更详细地阐述组织习惯性防卫[①]，并举例说明它是如何导致沟通难题的。例如，罗杰斯委员会[②]认为这正是“挑战者”号航天飞机失事的原因之一。罗杰斯委员会把美国国家航空航天局（NASA）描述为一个“一切正常”的组织，但就 NASA 处理其习惯性防卫的做法，我认为这一评论并不中肯，且罗杰斯委员会也在不经意间强化了造成前述问题的组织习惯性防卫。

在第 3 章我们也会看到，美国行政管理和预算局前局长戴维·斯托克曼（David Stockman）及其聪明敬业的专业团队，如何受命绕过并掩盖那些可能使内阁成员（尤其是总统）尴尬的

① 习惯性防卫（defense routines），人们在社会化过程中形成的无意识防卫思考和行动，如为自身利益而掩盖自己的真实想法，以自己的立场试图让对方接受自己的观点等，组织学习的目的之一即克服其负面影响。——译者注

② 罗杰斯委员会（Rogers Commission），为调查“挑战者号”航天飞机失事而成立的总统委员会，1986 年 6 月公布调查报告。——译者注

问题。我们将了解到斯托克曼团队如何从愤怒和怀疑发展到采取回避问题并掩盖这种回避行为的，这种自发的变化让他们认为掩饰是理所当然的。

关于斯托克曼对总统的滴漏理论[①]的怀疑隐藏了很长时间一事，读者可能会感到震惊。事实上，有一段时间，斯托克曼无法忍受这种掩盖行为，打算将其公开。具有讽刺意味的是，公开意味着这种怀疑会“走出”内阁，这是一种没有掩盖的回避。正如我们所知，时任美国总统以及其他人，至少包括时任美国司法部部长埃德温·米斯（Edwin Meese），也都将这些视为判断力差和做法不当的标志。总统私下斥责了斯托克曼。显然，总统从未想过询问斯托克曼，自己以及其他人做了什么事情可能迫使斯托克曼如此行事。

为了让防卫行为显得合情合理，又有其他防卫行为来保护现有的防卫行为。当问题趋于严重且令人感到威胁时，这些防卫又会滋生出许多花招。在这种情况下，组织更需要清晰地思考。

在第 5 章，我列举了一些案例，表明所谓的最佳建议并未解决，反而加剧了组织防卫等问题。建议的提出者没有意识到他们正在助长组织防卫掩盖下的管理活动。此外，管理顾问们往往

① 滴漏理论（trickle-down theory），代指里根经济学，主张政府保障不是救济穷人的最佳手段，而应通过促进经济增长，增加总财富，从而惠及穷人。——译者注

参与制造了一把巨大的保护伞，并表示对此无能为力，因为纠正组织习惯性防卫可能会导致客户流失。

我认为，是时候纠正组织习惯性防卫、玩弄花招、熟练的无能了，是时候停止回避和掩盖它们了，是时候提高管理要求了。需要指出的是，当我们战胜由于无知造成的偏差时，我们也输掉了同“设计性无知”的战斗，但这正是我们必须获胜的下一个赛点。采取地下管理活动的人最根本的假设是，只有在不具有威胁性或不令人尴尬的情况下，说出真相才是个好主意。然而，在令人尴尬或具有威胁性的情况下，更需要真相。

幸运的是，相关的研究和实践表明，似乎有希望找到解决方案。我已经把相关成果整合在一个理论框架中，该框架能够预测可能发生的状况，并为扭转具有妨碍性的趋势提供解决方案。在本书的第二部分，我从一种有待人们学习的行动理论开始阐述，一旦人们能够熟练运用这种新能力，就将削弱旧的组织文化，从而实现我们希望的合作和绩效，也有助于组织不断进步，甚至进一步发展壮大。

本书还有另一个积极贡献，如果某些问题的被回避、掩盖、避免讨论，并因此变得难以处理，那么我们就不可能找到在日常实践中解决这些问题的案例。找出问题的产生原因，并分析问题是如何被掩盖起来的，本身就是一项积极贡献，这是让无法管理的事情变得可管理的第一步。一次又一次的实践证明，将组织中的回避、掩盖和不可讨论等行为揭示出来，被组织的某些决策者视为罕见事件，这种罕见事件的出现就是进步的标志。

综上所述，《克服组织防卫》提供了一种组织诊断方法，每一章都提出了有用的建议，用以诊断组织在多大程度上存在相应问题。本书不仅描述了组织存在的问题，也为诊断问题以及采取何种纠正措施提供了指南。

最后，由衷感谢沃伦·本尼斯（Warren Bennis）提供宝贵意见。

测一测

你能解决被掩盖的组织问题吗

扫码鉴别正版图书
获取您的专属福利

扫码获取全部测试题及答案
看看你能解决被掩盖的
组织问题吗

- 为学习型组织奠定了理论基石的是管理学大师克里斯 · 阿吉里斯吗？（　）

  A. 是

  B. 否

- 当组织中的问题可能会令人尴尬或感到威胁时，成员会掩盖问题，甚至还对这一做法加以掩盖。这是防卫行为吗？（　）

  A. 是

  B. 否

- 当个人或组织按照自己的意愿自由行事，却做出违背自身利益的行动时，就说明是（　）在作祟。

  A. 个人的意愿

  B. 防卫性推理

  C. 组织的意愿

  D. 不可控的因素

扫描左侧二维码查看本书更多测试题

目录

OVERCOMING ORGANIZATIONAL DEFENSES

第 1 章

谜题

第 1 章
谜题

本书研究的领域中充满了谜题、矛盾、困境与不一致。我之所以坦陈这一点，是因为想提醒读者，不要理所当然地接受某些常见做法，实际上你仔细审查之后会发现，这些做法并非完全正确。换言之，我想要推翻人们的某些熟练行动。为此，我采取的方式是表明熟练行动中包含的若干尚未解开的谜题、矛盾、困境与不一致。

首先，本书通过 3 个案例，揭示了表面上的好结果如何造成了本质上的坏结局，进而表明了这些坏结局是如何被忽视的。好结果告诉我们一切正常，而坏结局恰恰相反，我们习以为常的管理方式掩盖了后者，使我们产生了一种虚假的安全感。

这些案例源自现代管理的 3 项关键活动。

1. 私营企业董事会与公共组织相应决策机构的治理。
2. 为提高竞争力而开展的组织变革。
3. 提高产品或服务的质量并削减成本。

我之所以以这 3 项活动为例，是因为它们不仅是多数组织的主要活动，还能够通过它们说明若干重要的谜题，具体包括：①成功的经验措施也会招致失败；②对成功的界定如何掩盖了失败；③在三个案例中，成功的标准都不够严格，不足以解决困扰各类组织中所有层级管理者的问题；④所有案例中的人员都没有认清造成问题的根本原因，他们试图以治标的方式解决问题，并自欺欺人地以为采取了治本的方式。

有关如何评估管理成效的流行观点往往以偏概全，且会造成误导，这些观点可以解释成功，但显然也可以掩盖失败。我试图表明，管理层创建的组织学会了掩盖组织学习的肤浅性，并以此解决表面问题。

因此，上述谜题不仅是有趣的智力问题，也反映出现代管理技术中存在的缺陷，以及人们在解决令人感到尴尬或威胁的问题时所采取的行为。这些谜题意味着，组织中存在过度保护和反学习[①]的现象，并且已经根深蒂固，但组织往往意识不到它们。此外，恰恰当组织需要学习能力时，也就是当问题非常棘手，并且令人感到尴尬或威胁时，两者反而会表现出来。

① 反学习（antilearning），在本书中是指下述过程：出于积极正面意图的对话实际上导致各方做出防卫性回应，进而各方以加强并恶化防卫的方式处理他人的防卫性回应。——译者注

董事会治理与组织动态

洛尔施和麦基弗（Lorsch and Maclver，1989）对标准普尔 400 指数公司的 100 位外部董事进行过深入访谈，还向 4 000 位外部董事发送了一份调查问卷，回收率为 32%。

多数受访者表示，他们彼此之间，以及与首席执行官之间关系融洽。他们在董事会会议上可以畅所欲言，董事会事务既提供了学习机会，又带来了艰巨挑战。简言之，董事会治理似乎一切顺利。然而，两位研究者深入分析回收的问卷后，发现了若干有趣的谜题（见表 1–1）。

表 1–1　两位研究者发现的谜题

外部董事的言辞	洛尔施和麦基弗发现的谜题
1. 外部董事可以畅所欲言	1. 即使外部董事不满意，他们也很少在董事会上公开批评，而是采取间接和委婉的方式表明态度
2. 外部董事认真履行职责。他们彼此之间，以及与首席执行官之间关系融洽。他们自认为并不好愚弄	2. 多数情况下，外部董事不会讨论职责问题。首席执行官通过设置讨论议程来掌控董事会，并且在开会期间这种掌控状况不可讨论 外部董事缺乏足够的权力来履行既定职责，他们也对此无动于衷 在实际情况中，外部董事面临问题时行动迟缓；当他们有所行动时，会先在董事会之外开展，然后才到董事会上进行讨论

如果洛尔施和麦基弗的发现正确无误，外部董事确信自己能充分履行管理职责，那为什么他们又构建并维持了导致他们缺乏足够权力的董事会？稍微宽泛一点讲，为什么成效和权力不足的情况同时存在？为什么董事会开会时很少讨论这些问题？

答案之一是，董事会中存在表层的和深层的两种组织动态，表层动态用以处理常规议题，当议题令人感到尴尬或威胁时，深层动态就会被激活。人人都对深层动态心照不宣，并视其存在为理所当然。同样被视为理所当然的还包括下述事实：董事会开会期间，组织的深层动态不可讨论，并且这种不可讨论状态也不可讨论。

这种深层动态是如何产生的？在关于如何成为一名优秀董事的现有文献中，我找不到任何涉及深层动态的产生、协调与强化的资料。更重要的是，董事会是如何造成这种既无效又理所当然的动态的？这些情况违背了董事们的职责。

组织变革项目

比尔、艾森施塔特、斯佩克特（Beer，Eisenstat and Spector，1988）耗时 3 年对 6 家大型企业进行了研究，这些企业为提高竞争力都在大力推进变革项目。研究者们描述了每家企业的管理是如何陷入缺少竞争力的境地的。具体而言，在仔细研究变革过程后，研究者们发现这种情况是由于以下这些政策和举措导致的。

- 僵化的、不实用的规章制度。
- 管理者和员工都与客户需求脱节。
- 管理者不尽责、不合作且通常没有能力推进变革。
- 职能团队关系不和谐。
- 最高管理层并不认为效益和市场份额下降仅仅是暂时的。
- 战略思维的缺失。
- 下级员工没有充分的知情权。
- 信任水平低下。

为什么受过良好教育、有着良好愿望的各级管理者会制定出这些政策和举措呢？这些举措也违背了最基本的管理职责。如果是因为管理者没有意识到这些举措会造成上述结果，或者这些举措仅仅是随波逐流的结果等，那此类解释可能有一定道理，但不能令人信服。我们需要搞清楚，是什么因素导致这种无意识和随波逐流。

比尔、艾森施塔特、斯佩克特也指出，多数组织变革项目要么彻底失败，要么成功程度有限。事实上，即使在最成功的项目中，最高管理层也几乎没有表现出变革的迹象。实际情况表明，变革项目开启几年后就会走向终结，多数项目开启时往往轰轰烈烈，接下来犹如老兵逐渐凋零。[①]

为什么会出现这种情况？这几位研究者认为，多数项目都是一揽子建议，许多变革项目以现有方案为指导，但这些方案并不切合组织实际，多数项目旨在快速成功和快速修复缺陷，着眼于治标而非治本。

进一步分析，为什么当初这些项目会被选中？因为企业习惯模仿其他企业开展的项目，这些项目之所以容易被直线经理接受，是因为它们有可能迅速带来最高管理层渴望的成果。那么，又是什么因素导致最高管理层推崇这种解决方案呢？

削减成本

在一场研讨会上，12 名基层管理者在设法找出何处可以削减成本。1 个小时左右，他们找出了 30 多处，随后对这些可能削减成本之处进行排序，以便采取相应的行动，最终，他们确定了 6 处，并承诺采取行动。

3 个月后，基层管理者们开会汇报取得的成绩，6 处削减成

① 出自道格拉斯·麦克阿瑟将军被解职后于 1951 年 4 月 19 日在美国国会大厦发表的告别演讲：“老兵不死，只是逐渐凋零。”指过去的辉煌一去不返。——译者注

本的目标都已实现。管理层预估可以节约 21 万美元，人人欢欣鼓舞。可以理解，当时的气氛喜庆热烈，团队成员欣然接受了最高管理层的设宴款待。

然而，一个至关重要的问题尚未被提出。实际上，主持讨论会的管理者表示，他甚至没有想过询问这个问题。一名研究这类削减成本会议的外部观察者与几名基层管理者进行了如下对话。

观察者：你们还记得 3 个月前列出的问题清单吗？

基层管理者：当然记得。

观察者：你们知道这些问题的存在已经有多久了？

基层管理者：我们不明白。你是什么意思？

观察者：你们知道这些问题的存在，这已经有多长时间了？

基层管理者：1～3 年，这是大家都知道的事。

观察者：是什么因素导致你们没有立刻采取解决措施，直到召开研讨会？或者说，在召开研讨会之前，是什么因素妨碍了你们采取解决措施？

基层管理者：你在开玩笑吗？你是认真的吗？

观察者：我没开玩笑，我非常认真。是什么因素妨碍了你们纠正数年前就已知道的问题？

基层管理者：小心点。你这是自找麻烦（看了一眼最高管理层代表）！你想要我们回答这个问题吗？那会破坏现在的气氛。

我们发现，成功的标准是容易衡量且固定的，按这种标准来判断，这个项目是成功了的。然而，相关管理者并未询问上述重大问题。

前述组织变革项目也聚焦于快速解决表面问题，并且该企业采用了一套着眼于表面的评估程序，虽取得了具体数据，但随着时间的推移，这些数据会越来越不准确。唯一肯定的是，多数项目从未实现目标，最终逐渐被淘汰。

迄今为止，董事会面临的问题从未得到解决。最高管理者似乎认识到了问题的根源，也明白了多数变革项目的局限性。无论是案例中的组织还是其他组织的最高管理者，都乐意把这些项目强加给下级人员，但自己却不想参与。

研究案例中的相关人员把违背管理职责的政策和举措视为理所当然，却回避了产生问题的根本原因，并把复杂的现实过于简单化。他们使所有这些行动都变得不可讨论，因此最终造成了一个好坏参半的结果，而表面上的好结果一定会造成本质上的坏结局。

最后，所有人都出于善意采取行动，没有任何证据表明人们故意违反基本管理职责或基本价值理念。事实上，为解决这些谜题殚精竭虑的管理者表示，他们也苦于找不到出路。

本书指明了一条出路，能够把不可讨论的问题变得可讨论，让被认为是理所当然的状况不再理所当然，把深层问题揭露出来，进而把无法管控的问题变得可管理。

7 项普遍偏差

多年来，我总结了 7 项偏差，它们都受到最高管理层的高度重视，并且得到了相关研究的支持。最高管理层认为，这些偏差不符合基本的管理原则，具体如下。

1. 旨在加强理解和信任的行动往往会造成误解和怀疑

高管们在散会后往往会认为他们已达成一致，马上会开始一系列行动。然而几周后，他们常常发现承诺并没有兑现，最常见的解释是存在误解、遇到了意想不到的麻烦，或正在努力。当高管们询问相关人员为什么不事先坦诚相告时，通常只会得到一系列含糊其词的回答。

高管自身也可能是产生误解的原因。例如，我曾与多名首席执行官共事，他们往往有意让直接下属参与重大决策，如资金的分配，下属通常欣然领命。但首席执行官们很快就会发现，下属并不愿意向彼此提出尖锐问题，旨在鼓励畅所欲言的讨论会变成了首席执行官单方面“质问”下属，其他人只是冷眼旁观。

可以理解，首席执行官们对此感到失望，因此通常不再愿意召开这种浪费时间、效率低下的会议。首席执行官认为，他们可能是既没有勇气也没有信心解决问题，才冷眼旁观的，因此会悄悄收回下属的参与决策权。

多数情况下，这些问题不会列入讨论议程，相反，取消会议的常见理由是“人们都很忙”，或者人们要求“压缩开会时长”。下属怀疑这些理由的真实性，他们把参与式决策被收回解释为，首席执行官认为真正的参与式决策对他本人威胁性太大，而下属几乎没有检验这种归因的有效性。

2. 把糟糕决策归咎于他人或制度

每当出现重大偏差时，人们往往会挑别人的毛病，就好比把脏水泼到他人的院子里，或归咎于制度，如墨守成规、死板僵化。人们经常开展欺骗性的、复杂的钩心斗角行为，不愿说出真相或者干脆篡改真相，并固执地认为没人对反思政策真正感兴趣。人们相信，息事宁人可以避免复杂且令人不快的事实，避免尴尬和威胁，因此息事宁人比真正的探究[①]更重要。

① 探究（inquiry），在阿吉里斯的语境中，探究立足于杜威的理论，是“从怀疑到解惑过程中思考与行动的交织”。——译者注

3. 组织惯性：成功的经验在组织内占据支配地位

具有威胁性的新想法常常遇到各种告诫。霍姆斯坦（Homstein，1986）将这些告诫称为“想法杀手”，具体包括“老板不会喜欢”“这不符合政策”“我没有这个权力”“从来没人尝试过”“我们向来这么做”“为什么要改变行之有效的做法”。

霍姆斯坦界定了所谓的“墨守成规”：“如果有疑问，就按以往的方式做。如果没奏效，那就加倍努力、提高速度、更加小心。”

对具有潜在威胁性的真相而言，另一个妨碍探究的因素是敷衍。如果遇到了问题，那么就向其他人保证正在采取解决措施，并且正在准备相关报告。我记得某名首席执行官曾被告知：“不必担心，A 和 B 已经去了伦敦，C 正飞往法兰克福。”没错，A、B、C 三人确实已在途中，但他们接到的指示是：在有人提出解决办法前，他们只需在酒店待命。

4. 围绕棘手问题的上行沟通[①]不足

关于员工的态度、期望与效率问题，自下而上传递的信息往往犹如陷进了“百慕大三角”，消失不见！身处其中的管理者既

① 上行沟通（upward communications），一种下级向上级反映意见的沟通方式，目的是要有一条让管理者听取员工意见、想法和建议的通道。——译者注

不重视这种信息，也不懂得只有了解更多，才能提高产品质量、数量和生产效率。

管理者要么认为老板不想倾听员工的诉求，要么认为这仅是工会或人力资源部门的职责（Mills，1985）。

5. 在预算上玩弄花招成为必要的手段

这些花招包括以下几种。

- 诱敌上钩：提出开展新项目时，掩盖其真实规模。
- 暗度陈仓：有吸引力的项目中隐藏着不合时宜的项目。
- 各个击破：争取让多个上司批准预算申请。
- 混淆视听：声称总项目已被批准，从而提出具体预算请求，但事实并非如此。
- 声称免费：声称其他人会为项目付费，以便组织批准该项目。
- 眼花缭乱：用大量数据支持提出的请求，但故意把数据的意义搞得模糊不清。
- 故意拖延：拖延提交数据的时间，理由是需要详细计算，以致工作无法按时完成（Anthony and Young，1984）。
- 宣称项目是无价的：人们难以对预防性或保护生命的举措提出反对意见。

- 无法客观估量：真正的收益依赖主观判断。
- 明日复明日：承诺即使现在没有取得成果，未来总会成功。
- 泛泛而谈：真正的本领不是简单做出难以证实的承诺，而是做出不可证伪的承诺。
- 鹬蚌相争，渔翁得利：刺激各委员会相互竞争（Wildasky，1964）。

6. 即使理智行动能带来最大利益，人们往往也很少这么做

当人们感到恼怒时，并不会理性地采取行动。当人们身处困境时，最常用的防卫手段包括以下几种。

- 生产运作问题长时间不能得到解决，并不是我们的错（否认）。
- 明天我们会组织制订计划（拖延）。
- 束之高阁（优柔寡断）。
- 分析性瘫痪（缺乏执行跟进）。
- 销售越多，损失越大（战略无效）。
- 老板不知道这件事，这对他来说也没坏处（蓄意破坏）。
- 让我们回到真正的工作上（倒退）（Ansoff，1984）。

7. 管理团队往往是一个神话

许多高管强调团队合作、团队建设的重要性，并为此耗费了大量时间和金钱，然而结果并不乐观。彼得弗罗恩特（Peterfreund，1986）认为，许多管理者频繁提及“我们的管理团队”，但并没有真正的“管理团队”，“管理团队”往往是一个神话，而非现实。

更多谜题

第一个谜题是，为什么人们会制造、延续并扩散上述偏差？据我所知，没有任何正式的组织政策鼓励或保护偏差，但为什么它们又难以避免呢？在组织或大学中，也没有任何高管培训项目会教人们以一种可预见的、不可避免的方式制造上述偏差。

第二个谜题是，上述偏差消耗了高管大量宝贵的时间和精力，一群聪明人为何营造出了充斥着荒谬后果（根据他们自己的标准衡量）的环境？人们努力减少偏差，为什么反而导致偏差泛滥？我希望表明，正是人们的忧虑引发并强化了偏差。

第三个谜题是，从理论上讲，这一切都不该发生。人们不会故意设计并制造偏差。例如，研究表明人们会设计自己的行动，进而设计这些行动的实施过程（Argyris and Schön，1974）。

由此，人们不可能设计并故意制造偏差。如果我设计了一个偏差或“不一致”，并使它们实际发生，那这反而是一种“一致”。但前述 7 项偏差普遍存在，我们如何解释这个谜题呢？

归根结底，所有案例及这个谜题的关键在于：各类组织中所有层级的管理者通过自己的价值取舍营造出一种氛围，但这与他们嘴上推崇的管理原则背道而驰。管理者犹如被迫如此，因而无力推进应该实施的变革。若果真如此，管理层可能根本没有在管理组织。

我认为，这些推论符合事实，管理层造成了上述状况，但也能予以扭转。

防卫性推理

我们先从管理者是如何思考和推理的开始讨论。每当个人或组织可以按照自己的意愿自由行事，却做出违背自身利益的行动时，就说明防卫性推理在作祟。

防卫性推理作祟时，人们会：①对可疑的事情持肯定假设，但他们自认为并非如此；②推论未必是从这一假设中得出，但他们却坚持认为如此；③得到自认为经过仔细检验的结论，然而并非如此，因为这些结论的界定方式导致其不可检验。

例如，如果持有以下两种假设，即在预算上玩弄花招是恶习，却很必要，及“非我所创综合征”[①]的态度不可避免，那么基于两者就会得出推论：管理层一定会放任这种恶习和态度，并且它们几乎不可能根除。持有这两个前置条件，并认为推论真实可靠，会导致各种回避和掩盖真实原因的行动。因此，组织变革项目很少能真正解决问题。即便能，组织变革项目的策略也往往流于表面，寻求快速修复。

但是，人们并不是一定要运用防卫性推理，人们的思维也不一定需要防卫性推理。那么，防卫性推理为何四处蔓延呢，尤其是在处理令人感到尴尬或威胁的问题和偏差时？

高管之所以会采取防卫性推理，尤其是在处理令人感到尴尬或威胁的问题时，原因有 4 个，分别是：①高管在处理令人感到尴尬或威胁的问题时遵循人类的本能程序；②他们能够熟练应用这些程序；③组织习惯性防卫使然；④为维护习惯性防卫，组织玩弄花招。导致人们运用防卫性推理的上述 4 个原因是接下来两章的主题。

---

① “非我所创综合征”（not-invented-here），一种文化现象，指人们不愿意使用、购买或接受某种事物，不是由于技术或法律等因素，而是因为该事物源自他处。——译者注

OVERCOMING ORGANIZATIONAL DEFENSES

第 2 章

人性控制理论：熟练的无能

人们从小就接受了关于如何控制局面的教导，在关于如何处理令人感到尴尬或威胁的问题方面尤其如此。人们把这些经验概括为行动理论。行动理论包含许多规则，用来指导人们设计和实施日常生活中的行动。

人们身处的这个社会通过关心他人、支持他人、诚信、正直等社会道德来规范人们的行动。本章将阐述，这些行动理论与社会道德是如何共同作用，导致人们采用防卫性推理并做出防卫行动的。人们能够熟练地采取这些行动，却会制造意外结果，并且人们往往意识不到这些行动正在制造意外结果。

I 型使用理论

人们会力图控制自己的行动。当行动带来预期结果时，人们会感觉良好；而事态发展一旦失去控制，人们就会感觉糟糕。

人的头脑中有一套控制程序，一旦出现令人感到尴尬或威胁的问题，该程序就会被激活。这套程序在人的头脑中以两种截然不同的形式存在。

第一种形式是一套关于如何为人处世的信念和价值观，第二种是人们用来贯彻这些信念和价值观的行为准则。我们把第一种形式称为信奉理论（theories of action），把第二种称为使用理论（theories of using）。

我们有可能让使用理论形成模式。幸运的是，人们的使用理论差异不大，无论男女老幼、不同种族、贫富还是学历高低，所有人都遵循较为一致的使用理论。虽然人们遵循各自的理论所采取的实际行为千差万别，但持有的设计理论（theory of design）基本相同（Argyris and Schön，1974；Argyris，1982，1985）。

使用理论是指导人们控制局面的主程序。**Ⅰ型使用理论指导人们如何单方面控制局面，如何争取得到他人的支持，而不是使他人与自己对立。**使用理论建议人们采取的主要行动策略是推销和劝说，以及在必要时采取保全自己和他人颜面的策略。

实施这种行动策略会造成困境和矛盾。所谓困境，指的是既要保全他人的颜面，却又不能明说。如果你对某人说“我会保全你的颜面”，那就是没有保全他的颜面。保全颜面需要精心设计的谎言，即善意的谎言，并对这种谎言加以掩盖。

由于使用理论是人们单方面运用的，具有独断性，因此很容易让人陷入矛盾中。如果一方想让Ⅰ型使用理论有效地发挥作用，对方就必须是愿意处于被动、服从和依赖地位的，但这恰恰不符合Ⅰ型使用理论的特点。如果Ⅰ型使用理论被视为有效的行动理论，那么矛盾之处就是，一方运用该理论时，却需要对方以自己的使用理论无效的方式行动。这就如同是说：

> 我用Ⅰ型使用理论来与你博弈。
>
> 如果我成功了，那你就会处于我的掌控之下。我就会争取到你的服从与依赖。
>
> 你的使用理论无效，我的就能有效。矛盾在于，如果你用我对待你的方式对待我，那么我就不能以我计划的方式对待你。我在Ⅰ型使用理论下采取的行动，最终会使双方都无法获得满意的成果。

防卫性推理和防卫行动的实际运作

下面我通过一个案例来说明防卫性推理是如何影响组织的。案例介绍了一家迅速成长的新兴服务型企业，该企业在制定应对未来的战略时遇到了困难。这类企业多数由某位企业家创立，聚集了一群聪明、敬业、勤奋的合作伙伴，生产某种新的产品或服务。这类企业的发展都很迅速。

毫不奇怪，这些企业的发展都面临下述情况：其管理者必须更加理性地管理企业，更加合理地控制增长，否则不仅管理者会疲惫不堪，企业也会深陷管理危机之中。该企业的首席执行官表示：

> 现如今，我们向客户提供的都是包装好的现成产品，相关部门人员的主要任务是销售。我们也有定制业务，相关人员应将重点放在为客户提供专业的服务上。
>
> 前者比后者带来的效益更高，但后者更具挑战性，且有助于我们设计并生产更好的新产品。

我拜访了这名首席执行官及其直接下属，下属们都赞同首席执行官的观点，认为必须树立发展愿景、制定相应的战略决策，并表示，公司已经为此召开了数次长时会议。然而，参会者始终存在分歧，无法达成一致。某名副总裁说："我们列出了一系列问题，但没有做出解决这些问题的决定。"另一个人补充道："每次开会都是这样，真让人沮丧。"还有一个参会者提醒道："如果连我们都这么沮丧，可想而知，下属们眼睁睁看着我们的计划落空会作何感想?"

这些人都是优秀的高管，彼此尊重，高度敬业，一致认为早就应该树立企业愿景并制定相应的战略决策。然而，每次会议结果都不遂人愿。

这些高管的行动导致意外结果，即使在没有任何强迫的情况下也会不断重蹈覆辙。根据前文关于“无能”的标准来衡量，他们的行动显然是无能的表现。

高管们对困难的解释

起初，高管们认为无法制定并实施可行的战略决策，是因为缺乏可靠的财务数据。于是，他们聘请了一名被公认为工作出色的资深财务主管。

财务主管指出：“问题不在于缺乏财务数据，我可以提供大量数据。我们真正缺乏的是企业愿景和战略。一旦有了清晰的愿景和战略，我就可以提供必要的数据。”其他高管勉强同意这种观点。

后来召开了几次会议却频频无果，于是出现了第二种解释：问题与成员的性格以及他们开会时彼此的沟通方式有关。正如首席执行官所言：

> 这群可爱的家伙自尊心极强，喜欢争强好胜，非常聪明、坦率、敬业。我们开会时似乎在不断陷入一个怪

圈；我们擅长指出别人的错误，或者告诉别人该如何解决问题，却不愿意主动让一步，不懂得做出必要的妥协。

我怀疑这种解释的有效性。例如，按照这种解释，高管的自尊心或好胜心是不是应该弱一些？然而，或许正是高管的这些特质帮助企业在竞争激烈的市场上站稳了脚跟。

另一种解释：原因在于熟练

让我们先考虑三个问题：具有妨碍性的行动是否为自然而然的、习惯性的行动？所有参会者的行动是否都出自真心？参会者即使并未企图耍手腕或钩心斗角，是否也仍会遇到麻烦？

上述案例中的高管认为，这三个问题的答案都是肯定的。这意味着，他们的动机是好的，他们已经尽力采取最优行动。若果真如此，那他们的行动就是熟练的，因为这些行动是他们瞬间采取的，没有经过思索和权衡利弊。然而，这些行动具有妨碍性。他们之所以这么做，部分原因是为了不激怒对方。但这些行动会妨碍解决制定战略决策过程中存在的重要思维问题。因此，那些会议上最终仅提出了一系列问题，但没有制定出相应的解决措施。

我们已经找到相对简单且有效的方式，来分析高管们在会议中讨论复杂的、令人感到尴尬或威胁的问题时，是如何推理并采取行动的。那就是，通过案例分析法以及一些观察高管行为的方法，来进行分析。此处，我引用了一些案例，它们都来自高管们在一场为期两天的会议中所撰写的资料。

这些案例的作用涉及以下两方面。第一，让我们能够了解高管们认为至关重要的各种问题。至少有一半高管撰写的资料涉及产品与定制服务问题。第二，让我们了解高管们普遍遵循的准则和习惯。这些资料的具体内容如下。

1. 请用一段话介绍你认为很重要的某个组织问题。
2. 为了解决问题，假设你可以与任何人进行讨论，请用一两段话描述你在讨论过程中使用的策略。
3. 接下来，请分两栏撰写。在右栏中写下你将如何开始发言，以及你实际说的话。然后写下对方的回答，接着是你的回应，依次类推，大约写满两页纸。
4. 在左栏写下由于种种原因，你不愿意公开的想法和感受。

简言之，一份案例资料包含：

- 对问题的介绍。
- 着手解决问题的预期策略。
- 在资料撰写者的预期策略实施过程中，撰写者与他人进行的实际对话。

- 由于种种原因，撰写者不会公开的信息。

高管们表示，他们撰写资料时非常投入，其中有人表示这种撰写这些资料的方式令人大开眼界。此外，高管们看到撰写好的资料后，做出的反应非常幽默，他们普遍感到很高兴：

那就像……

太棒了……就一直这样做……

哦，有一个熟悉的……

都是推销员，没有倾听者……

天哪，这说的不就是我们……

这家企业多次召开会议失败的一个原因可能是，参会者不在会上公开自己在左栏中写下的想法和感受。然而，正如我们所见，人们不愿意公开的信息会产生重要影响，因为他们不仅会掩盖这些信息，而且会尽力掩盖这种掩盖行为。具有讽刺意味的是，其他参会者能够察觉到这一点，但他们同样会掩盖自己的真实想法，进而掩盖这种掩盖行为。

表 2–1 是根据几份资料整理而成的，资料撰写者们都认为该企业应该更加重视客户服务。

表 2-1　更加重视客户服务

未表达出的想法和感受	实际的对话
他并不喜欢这个话题，但我必须讨论。我怀疑他是否会站在企业的角度考虑问题，但我应该乐观点	我：你好，比尔。很高兴有机会与你讨论产品与定制服务的问题。我们都想解决这些问题，以实现企业的最大利益
	比尔：你很清楚，我向来很乐意讨论这个问题
慢慢来吧，让我逐步说清楚问题	我：越来越多的客户要求我们提供定制服务，而非设计好的现成产品。我担心未来你管理的销售人员会越来越边缘化
	比尔：我不太明白，请说得详细点
你怎么可能不明白！我倒是想让自己更礼貌一些	我：比尔，我相信你意识到了下列变化（接着进行了解释）
	比尔：不，我不这么认为。未来发挥关键作用的正是销售人员
他又站在销售人员而非企业的角度考虑问题了	我：嗯，让我们继续探讨……

谈话继续进行，双方都表达了自己的看法，但没人认同对方的观点。为便于读者了解真实情况，我列举了更多左栏中的想法和感受：

他非常护短。

这家伙根本没听。

简直太让人失望了。

他又开始防卫了。我还是就此打住，改天再说吧。

如果展示一个支持为客户提供现成产品的人撰写的资料，结果也不会出现太大差异。撰写者同样会试图说服、劝诱、哄骗其他高管，他们在左栏中写下的想法和感受也会非常相似。

对资料的反思

在分析左栏中的内容时，高管们发现，双方都把无法达成一致的责任归咎于对方，且双方的理由都一样。例如，每一方都认为对方：

你没有真正理解问题。

如果你坚持己见，那么就会打击全员的士气。

少来这一套。你知道我在说什么。

你为什么不能放宽眼界，站在企业的角度考虑问题？

当我想到他的看法时，简直烦透了。

我真的尽力了，我已经开始感到无望。

这些资料再一次说明了熟练的无能的特点：精心设计对话，以便在不激怒对方的情况下尝试改变其观点，这需要高超的技巧。

然而正如我们所见，这些高管的熟练行动产生了适得其反的结果，他们的一番话不仅招致他人的反感，而且令他人更加坚持己见。

这说明了熟练行动是如何产生妨碍性的。人们为什么会反复做出具有妨碍性的行动呢？

一种解释是，高管们这么做时并未意识到自己已经造成具有妨碍性的结果。上述案例表明，高管们能够意识到自己旨在解决问题的行动没有取得多少成效，他们充其量只能列出一系列问题。有些高管能意识到他人的行动具有妨碍性，但鲜少有人能意识到自己的行动也同样如此。

高管们在做出这些行动时，都没能意识到自己的行动具有妨碍性。例如，在对案例资料进行讨论后，他们明白会议没有成效自己也有责任，并且都公开承认这一点，他们也承诺改变自己的行动。然而就在接下来的几个小时内，他们仍反复做出具有妨碍性的行动。我开始打断他们的谈话，他们马上意识到了自己的所作所为。我的介入减少了他们的自发行动，这是让他们做出改变的第一步。

他们之所以不断无意识地做出具有妨碍性的举动，而且如果没人来打断他们，这种现象就会反复出现，是因为他们采取这样的行动时是不假思索、理所当然、高度熟练的，而且认为这样做是为他人着想。“你不能当着他人的面说那些话”，这就是人们学会的行事方式。

社会道德

如果没有社会的支持，人们就不能学会I型使用理论，这种支持归根结底来自社会道德。在处理令人感到尴尬或威胁的问题时，社会道德尤其重要。社会道德具体包括：关心、帮助与支持他人，尊重他人，诚信，坚定，正直。下面我将简要介绍基于上述社会道德的准则。

- 关心、帮助与支持他人。肯定与赞美他人；用褒义的言辞与他人对话；表达你对他人的关心；如果可能，适当赞同他人认为另一些人行为不当的观点，这会令他人感到一些心理安慰。
- 尊重他人。认可他人；不反驳他人的推理或行动。
- 诚信。不对他人说谎；向他人袒露自己的真实想法和感受。
- 坚定。坚持自己的观点，争取得到认可；坚定立场；不要摇摆不定。容易改变立场是怯懦无能的表现。
- 正直。坚持自己的原则、价值观和信念。

回顾本章前文案例中的高管，他们知道彼此存在严重分歧，也知道每当讨论存在分歧时，双方就会做出防卫行动。因此，他们努力防止谈话破裂。

刚开始谈话时他们彬彬有礼，总会说些自认为别人想听的话。每一方都强调能够达成一致的方面，并表现得积极乐观。但一开始他们就非常谨慎，不反驳他人的推理，并表现得似乎赞同他人的观点。

他们会争辩说自己没有公开撒谎，但过不了多久就会承认，他们没有说出自己所有的想法和感受，他们在尊重他人，关心、帮助与支持他人的幌子下谨言慎行。

但这种谈话不能一直延续下去，高管们必须做出战略决策，包括如何分配稀缺的财务资源，制订何种薪酬计划，以及为员工提供哪些职业机会等。

实际上，每次会议快结束时，参会者都会说“让我们做出决策吧”或者“下结论吧”，他们确实这样做了，但这些决策或结论只是一份清单，他们并没有对一些艰难的取舍做出决定。

这种结果会让参会者进退维谷，一方面，所有人的动机是好的，承诺是真诚的，并且都在为他人着想；另一方面，所有人觉得真实可信的行动却妨碍了他们做出必要的抉择。

此外，由于存在我所说的“关心 – 正直”循环，所以若会议时间过长，谈话就会破裂。起初，参会者都会表现得正在关心、帮助、支持与尊重他人，这些行动让人认为他们的动机是好的，但无助于解决实质性问题。很快，参会者就会感到失望和进退维谷，紧接着就会表现出坚定和正直，倾向于让别人认可自己的观点以赢得胜利，并且坚持自己的原则；他们的立场非常坚定，绝不让自己摇摆不定。因此，决策成效大打折扣，并且他们对解决问题的团队的信心也受到打击。

“关心－正直”循环的过程是：起初的表现是关心、支持与尊重他人；若这样做无法奏效，就表现出坚定和正直。在这种情况下，权力最大或声音最响的人将获得最终决定权。

最终的后果会波及整个组织。较低层级的员工听到的故事往往是高管们互不相让、剑拔弩张。有些人会三缄其口以免受到牵连，进而他们会利用这件事来解释工作为什么没有取得进展，为什么自尊心强的人不会取得进步。有些较低层级的员工，通常是那些优秀的员工，会尽量远离是非，以便能够有所作为。为了保持组织的工作成效，他们甚至可能会私下里与其他较低层级的员工协商怎么办，但这种行为往往被掩盖起来。因为这些行动一旦暴露，就有可能导致上层管理者之间的纷争加剧。这反过来又会使员工更加认为必须远离是非才能维持组织的运作。

熟练的无能与熟练的无意识

多数人在小时候就开始学习运用Ⅰ型使用理论。当人们运用该理论来解决令人尴尬的、具有威胁性的或使人恼怒的问题时，就会做出防卫行动，进而造成误解、曲解以及自我实现和自我封闭的行动。人们并非有意或喜欢如此，由此可以说它们都是偏差。

但这些偏差的产生并非由于人们缺乏知识造成的，而是由于人们熟练运用 I 型使用理论导致的。如果无能的行动造成的结果违背了初衷，那么它就是熟练的无能。

如果这种无能归因于熟练行动，那么我们就得到了一条线索，来回答下述问题：人们为什么往往意识不到自己正在做出具有妨碍性的行动？导致无能的行动的原因，恰恰是非常熟练。当人们对做某事非常熟练时，就会不假思索地采取行动，并认为这样做理所当然。人们根本不会在意这些行动。因此，熟练地采取行动的根源就是无意识。如果必须关注自己的行动，那么做出该行动时可能就不会那么熟练了。

我们都应明白，当偏差源于熟练的无意识和熟练的无能时，它是被有意制造出来的，只不过我们可能没有意识到这一点。

尽管我们自己没有意识到自己熟练地制造了偏差，但他人会意识到。由于他们在观察别人的一举一动，所以他们对问题的产生了然于胸。如果他们处于制造模式（production mode）中，那么 I 型行动（熟练的无能）也会被激发，并且他们会对此无意识。例如，一群高管参加了在哈佛大学召开的一场专题研讨会，旨在为变革组织文化和习惯做法制订一份长期计划。他们认为，最大的一个挑战是在组织中建立信任。高管们很清楚，这意味着组织文化变革。他们拟订了一份行动计划，该计划得到了参会者的一致认可。

其中有一个高管就一个关键问题对大家的想法和动机表示质疑。一位领导者回应道："你错了。我们没有那个动机。实际上，我们的动机恰恰相反。"

此时，我进行了干预，以检验这种不假思索的回应产生的影响。多数参会者（包括那个表示质疑的管理者）认为，这种回应不会有助于建立信任，这位领导者本可以用鼓励沟通的方式做出回应。例如，他可以这样回应："我们哪些言行让你认为我们存在那种动机？"

这个案例中的主角是一个团队。团队成员的目的是制订计划，推进文化变革并建立组织信任。但如果有人对某个关键问题表示质疑，团队领导者的反应就正好体现出需要改变的旧文化，并且他对此无意识。

需要指出的是，因熟练运用Ⅰ型行动而导致无意识和无能的现象并不罕见，第1章介绍的"7项普遍偏差"可以证明这一点。像多数认识到这些偏差的高管一样，如果你也认识到了这一问题，那么请思考下列推论。

- 如果人们没有制造这些偏差，那么它们就不会存在，也不会延续。
- 由于人们的行为是被自己固有的使用理论激发的，所以人们头脑中必然存在由各种准则构成的程序，被用来指导人们的行动。
- 若果真如此，那么人们头脑中必然存在一些准则来指导人们：
  1. 在处理棘手的人事问题时，会制造出一些意外结果。
  2. 把解决问题和执行决策过程中出现的偏差归咎于他人或制度，推卸自身的责任。
  3. 熟练地造成偏差，导致它们反复出现。
  4. 制造组织黑洞，吞噬自下而上传递的信息。
  5. 设计绩效控制机制，导致财务和人事方面的控制成本攀升。掩盖这种问题，并进一步掩盖这种掩盖行为。
  6. 持有的有效绩效假设降低了创造卓越绩效的可能性，并让人们看不到这种可能性。
  7. 创造若干传奇和神话，导致不良后果永久化，并让人们认识不到自己正在这么做。

每当我陈述这些推论时，高管们往往不相信，不认为自己会遵循这些准则。解决这个谜题的一种方式是直截了当地告诉他们，偏差表明出现了错误，或者这种设计理论毫无意义。等到看清真相后，他们都同意这两种说法。

解决这个谜题的另一种方式是，将其归因于团队成员熟练的无意识和熟练的无能，多数人都具备这两个特点。

结论

人类持有两种行动理论。第一种是信奉理论，该理论由信念、价值观与人生态度构成。第二种是使用理论，是人们在实际行动时应用的理论。I 型使用理论旨在达成防卫的结果，因此要求人们进行防卫性推理，还旨在让人们意识不到自己的行动具有妨碍性，从而强化 I 型使用理论以及人们从小开始学习的社会道德。

由于 I 型使用理论是一种防卫性行动理论，所以由遵循该理论的人构成的组织必然充满防卫行动，并且这些防卫行动会成为组织习惯。第 3 章将阐述组织防卫行动，分析它们是如何成为组织习惯的。

OVERCOMING
ORGANIZATIONAL
DEFENSES

第 3 章

组织习惯性防卫

本章将阐述 I 型使用理论主导的价值观和行动策略是如何导致组织习惯性防卫的，价值观包括追求单方面控制、只能赢不能输、抑制负面情绪；对应的行动策略包括宣传、劝说、推销以及给人保留颜面的做法。例如，每当人们面临非常尴尬或具有威胁性的问题时，都会尽可能采取回避的行动方式，且为了有效回避，还必须对回避行为加以掩盖。简言之，这种基本策略包括回避和掩盖两种行动。

由于多数人都会做出这种行动，所以它们成为日常生活的一部分。由于许多人频繁做出这种行动，所以它们也成为组织的行为规范，被认为是合理的、明智的、务实的行动。

组织习惯性防卫由此产生。组织习惯性防卫是旨在避免组织成员或部门陷入尴尬或面临威胁境地的行动或策略，会妨碍人们识别并消除造成尴尬或威胁的潜在原因。因此，组织习惯性防卫的本质是反学习、过度保护和自我封闭。

一种常见的组织习惯性防卫行为是使用模棱两可的话语。彼得·布洛克（Peter Block，1987）描述了几种这样的话语。例如，“我不想打扰你”或“我不想激怒你，但……”，这些话旨在避免他人对我们的行为做出意料中的反应，但实际上，这些话是在提醒他人做出这种反应。

某些含糊的话语其实是人们在组织中使用的谎言。例如：当我们不喜欢或不赞同某个人的意见时，会说“谢谢你提出反馈意见”；当我们明白他人并不欢迎我们时，会说“我只是来帮忙的”；当我们不欢迎某些人时，会说“很高兴你们在这里”；当我们知道“以人为本”的重要性，却没打算贯彻这一理念时，会说“人是我们最重要的资产”；当我们不满某人的工作成果，想为他调岗时，会说“我们为你提供一个成长机会。”（Block，1987）

当某人提出某些建议和观点时，我们的回应是：“你的想法很有趣。”我们常常用“有趣”来表示冷漠或反对，但同时又表现得似乎我们有意支持。

当我们向他人提出建议时，得到的回应是，“我们需要再研究研究”“我们需要交给一个任务小组评估”“我们需要成立一个委员会”“我们需要与其他人研讨，了解他们的看法”等。实质上，他们很可能是不接受我们的建议，但没有直截了当地说出来。

人们常常试图通过召开会议，来找到大家可以接受的方式公布一些令人不快的消息。例如，一家大型银行的高管们决定裁员

40%，他们认为，若直接公开这项计划，就会打击组织士气。于是，他们将这一计划称为“三角洲项目”，并提出“让所有员工重新审视自己的作用、使命以及工作的真正目的”。相关人员都明白，尽管表面上高管们在介绍该项目时明确表示，该计划不仅仅是为了裁员，但实际上他们就是意在裁员。

克尔（Kerr，1988）列出一份高管保持“正直”的准则清单，具体包括：①讲真话；②守法；③避免模棱两可；④关心他人；⑤远离腐败；⑥价值观与行动保持一致等。

通过实际案例，克尔指出了在现实中人们是如何违背这些准则并对此加以掩盖的，而且以关心他人、公正等名义将自己的行为合理化。此外，他还指出，所有事例都不是特殊事件，不是那些有能力的领导者在无能为力的情况下做出的，也不是他们在巨大的压力下做出的，而且这些事例并非发生在那些处于萎缩市场或衰退行业的组织中。

因此，所有这些组织习惯性防卫都基于一种根深蒂固的逻辑，对个人和组织有深刻的影响。这种逻辑指以下 4 点。

1. 巧妙地使用一些有多种解释的话语。
2. 说这些话时表现得若无其事。

当人们在交谈中使用含糊的话语时，通常很自然，表现得像是根本没有这回事。实际上，如果他们在说这些话时犹犹豫豫，就会被他人视为懦弱。

3. 使话语中存在的模糊不清和多种解释不可讨论。

确实，很少有高管使用了含糊的话语后会问："你们觉得我说的话存在多种解释或模棱两可吗?"这些话语的真正含义之所以变得不可讨论，是因为说话者的表达非常自然，且没有人深究。

4. 使这种不可讨论的现象也变得不可讨论。

人们并非一直刻意地遵循上述规则，因为他们在这方面已经非常熟练。但矛盾之处在于，这种熟练与无能密不可分。正如下一节所言，熟练使用含糊的话语会导致一系列意外的妨碍性后果。

习惯性防卫导致的矛盾和困境

为了解习惯性防卫造成的影响，本节将以因上司模棱两可的话语而苦恼的分公司主管为例。这些主管必须设法了解上司的真实意图，并对下属做出解释。这些解释通常是这样的：

总部从不会真正实行分权。

在一切顺利时，总部愿意相信各分公司。但如果不顺利，情况就会相反。

总部更关注的是华尔街，而不是我们。

分公司主管很少会向上司核实上述关于总部动机的假设是否正确。讨论上司模棱两可的话语会令人尴尬，而公开检验这些假设的有效性会更令人尴尬。分公司主管们会陷入两难窘境：一方面，如果他们毫无异议地附和上司，那么可能会丧失自主权，并且其下属可能会认为他们在总部没有影响力；另一方面，如果分公司主管们拒不服从总部的指令，长此以往，总部就会怀疑他们不忠诚。

总部的高管们也身处类似的窘境。他们认为，分公司主管既怀疑其动机，又在掩盖这种怀疑。如果高管们指责分公司主管的这些行为，那么显然会激怒后者。如果高管们对此保持沉默，就可能会表现得似乎完全认同主管们的行为，但事实又并非如此。通常情况下，高管们会以维持良好关系的名义掩盖这种窘境。

很快，各分公司员工会对这种窘境做出进一步的解释。例如，他们认为公司虽然鼓励坦诚讨论，但事实上公司不愿意受到他人的影响。他们最终可能会得出下述结论：鼓励员工坦诚讨论实际上是高管们制定的一项策略，旨在掩盖公司对他人观点的拒绝态度。

由于该结论假设公司在采取掩盖的行事方式，所以主管们也不会对其进行检验。由于总部和分公司主管都没有公开讨论上述归因或挫折，所以最终双方可能会越来越疏远，进而形成不信任的氛围。这种氛围一旦形成，就会使这些问题变得更加不可讨论。

对组织习惯性防卫的反应

每当我描述这些后果时，高管们会立刻表示认同，他们能从自己所在的组织中举出许多对应的案例，许多人问我："有没有组织不存在这些令人烦恼的难题?"

组织习惯性防卫无处不在，一旦我们认同这一点，就会思考它为什么会普遍存在。一种常见的解释是，组织习惯性防卫源自人类的性格或其他心理因素。例如，有人认为：

> 你面对的是在情感和性格上都存在问题的人，而且这些问题根深蒂固。难道造成习惯性防卫的不是那些无法以其他方式与他人互动的人吗?
>
> 这难道不是害怕失败或"不明所以"的自卑心态，总之就是无法轻易改变的习惯或态度造成的吗?

但这些解释不可能成立，具体原因有三。第一，如高管们所言，若组织习惯性防卫无处不在，且源自根深蒂固的情感问题，那么许多高管一定具有自卑心态和焦虑情绪，我不知道有什么证据能够表明多数高管存在这类心理问题。

第二，需要明确的是，大多数组织文化都有利于这些习惯性防卫的存在，因为它们表现出来的是对人的关心和体贴。前文有关分权的话语之所以会出现，是因为人们从小就心知肚明，使用这些话语是一种深思熟虑的、成熟的策略，一方面可以表示对他人的支持和关心，另一方面可以把伤害或激怒他人的风险降至最低。

第三，在不涉及焦虑、深层心理防卫等问题的情况下，我们已经能够帮助高管改变组织习惯性防卫。

应对威胁的规则使习惯性防卫不可控

据我所知，如果某项议题是不可讨论的，且这种不可讨论的现象也不能讨论，那么就不可能有效地解决问题。那些遵循这些规则，且非常正直、愿意承担个人责任的人会感到自己深陷两难的窘境。

- 如果不讨论习惯性防卫，那么它将继续扩散。

- 如果讨论习惯性防卫，那么他们可能会遭遇麻烦。

某位风趣幽默的高管曾说，在他所在的组织中，这种两难窘境被叫作“三明治”。

结果是，那些想要摆脱习惯性防卫的人，恰恰保护和强化了习惯性防卫。但由于他们的保护行为是被掩盖起来、不可讨论的，所以习惯性防卫在他人看来似乎具有自我保护、自我强化的特点。

只要行动具有这两个特点，就可以轻而易举地自我扩散。不可思议的是，当某人试图纠正而不是回避习惯性防卫时，习惯性防卫的自我扩散特点就会被激活。人们一旦认识到这种风险，就会以改进和建设性行动的名义采取回避行为，如此不断循环往复。

在这些条件下，习惯性防卫迅速发展并蔓延，尽管人人都心知肚明但无法管控。

事实上，高管们已经指出，管控防卫循环的想法是不现实的，这么做是徒劳的。少数人或许会想，是否这种管控可变得没有风险？正如一位高管所言：“这是否意味着我们将不得不放弃那些保护自己的东西？”

在现实世界，人们做出这些反应是有道理的，它们也是自我实现和自我封闭的。防卫行为具有自我实现的特点，因为它们创造了某些条件，从而让人认为纠正它们是很天真的或危险的；它们也具有自我封闭的特点，因为它们还创造了某些条件，在这些条件下自我实现的预言不太可能被打破。

因此，组织僵化和效率低下最重要的原因之一就是：越来越严重的习惯性防卫，同时，对此负有责任的人认为，贸然进行改变是不现实的，甚至是危险的，似乎只能任其发展。

对习惯性防卫和循环的反应

由于人们认为习惯性防卫是不可避免的、自然而然的，并且无法管控、不受外界影响，因此毫不奇怪，人们对习惯性防卫最常见的一种反应是感到无能为力。工业社会中的员工对待习惯性防卫的态度，如同传统社会中的农民对待贫困一样，都是听天由命。

习惯性防卫不可避免，主要是因为其得到了组织文化的支持，以及一些个体因素。人们认为自己不应该为习惯性防卫的形成和维持承担责任，他们会说自己受到了习惯性防卫的影响，但不能或不愿了解自己是如何创造或强化习惯性防卫的。

除了与习惯性防卫共存，人们没有其他选择，于是对习惯性防卫产生了一种嘲讽态度，从而导致悲观和怀疑。例如：

这里无可救药。

他们都不是真心的。

我怀疑没人会听。

打住吧，别傻了。明年会有新的问题。

嘲讽的态度使人们更有可能忽略或轻视人们表现出来的积极意图。持嘲讽态度的人会自然而然地怀疑他人，认为世界上满是不会改变的证据。

从嘲讽到把可能出现的任何困难都归咎于其他人或组织，只有一小步。人们将“收获”其他人应受责备的大量证据，因为他们已深知防卫行为会循环往复，进而察觉这样的行为以及相应的各种掩盖行为，也明白晋升机会通常属于那些回避习惯性防卫的人。

最后，人们通常就此给别人一些建议，这些建议也强化了习惯性防卫。例如，“小心点，如果你试图改变这种情况，那么你会遇到麻烦……那是由来已久的习惯做法”。这种环境造就了这样一群人，他们感到无助、愤世嫉俗，惯于责备他人应负有责任，建议他人不要干涉不断循环往复的习惯性防卫。正是这种状况导致人们难以积极主动地面对组织活动，也很难采取措施。

斯托克曼的传奇故事与习惯性防卫

戴维·斯托克曼认为，罗纳德·里根总统很有可能会裁减臃肿的政府机构，让经济重回自由市场的轨道，因此他加入里根总统政府，担任行政管理和预算局局长。但随着与里根总统的交往增多，他越来越担心里根总统并未真正了解如何推动经济改革。斯托克曼和里根总统具有相同的经济观，但斯托克曼认识到，里根总统不了解推进改革面临的重要细节，而且大多数内阁官员和总统高级顾问也不了解。尽管如此，他还是在努力推进经济改革。

斯托克曼很快就遇到了挫折。在参加了几次总统与内阁官员的初期会议后，斯托克曼的希望开始幻灭。里根总统往往不理解争论的问题本质，更令他不快的是，埃德温·米斯主持内阁会议，因此任何人都不可能无所顾忌地发表意见，而米斯的这种做法是不可讨论的。

斯托克曼及其同事决定采取迂回策略。例如，他们学会了在内阁会议上提出没有争议的观点，供大家讨论：

> 为填满米斯主持的内阁会议议程，我们不得不用整整一周时间来寻找足够多的“安全”事项，而关于削减“大额”开支和经济预测的议题越来越少。（Stockman，1986）

斯托克曼认为，与会者不会在会议上就一些两难问题进行抉择，“因为米斯在保护总统，使总统免于在内阁官员中站队”。

这些迂回策略必须加以掩盖，斯托克曼不能向里根总统或内阁描述自己的策略。因此，在内阁解决问题还得靠一些小技巧。设想下迂回策略对斯托克曼团队的影响，团队成员一定清楚“大额开支”和“小额开支”的区别，他们一定感到奇怪：为什么斯托克曼要在内阁会议上讨论日常琐事。如果他们询问并获知真相，那么就会了解所谓的政治。用我们的话来讲，政治意味着回避令人感到尴尬或威胁的问题。一旦他们承认这是必须面对的现实，就不得不也这么做，进而强化组织防卫。这种教训是真实的、有力的，使得这种做法像野火般蔓延，这也是产生嘲讽态度和无力感的基础。

从实际出发，斯托克曼不得不设计一种长期有效的迂回策略，并且既要达到最终目的还不能被识破，以应对米斯及其他内阁成员不让里根总统表态的做法，以及回避里根总统和内阁成员在对问题的理解和人际关系方面的不足。斯托克曼采取的这种解决方案，也是其他许多处于相似窘况的人经常采用的方案。

斯托克曼向米斯提议，另外成立一个预算工作委员会，该委员会将与相关内阁成员一起审查所有预算削减项目，然后再提交给里根总统和全体内阁成员。尽管米斯和首席顾问詹姆斯·贝克（James Baker）也将成为其成员，但斯托克曼知道，除非里根总统出席，否则这两人都不会参加委员会的任何会议。米斯对斯托克曼的提议表示同意，于是后者组建了该委员会，正是这个委员会做出了大多数艰难的决策。

预算工作委员会成为斯托克曼及其助手——政策分析师马丁·安德森（Martin Anderson）围绕严格的预算削减问题对内阁新成员及工作人员开展削减工作的平台。斯托克曼认为，委员会组织召开的会议之所以奏效，是因为吸纳了几位优秀的自由市场经济学家。每当议题遭遇抵制，安德森都知道如何在不让抵制者感到难堪的情况下减小他们造成的阻力。

遗憾的是，斯托克曼并未详细描述安德森是如何达到这一目的的。抵制者能感到自己的抵制被缓解了，也能感到这种缓解行为被掩盖了。他们领会并掩饰了自己的尴尬和不满，但是日积月累，他们很快就会找到适当的报复方式。

斯托克曼承认这种情况可能发生过。他注意到，内阁成员及其工作人员开始采取抵制措施，斯托克曼曾无意中听到几位内阁成员说他专制，而且他们形成了自己的防卫模式。国防部部长卡斯帕·温伯格（Casper Weinberger）和财政部部长唐纳德·里甘（Donald Regan）对这种模式尤其熟练。

斯托克曼认为，这些人的做法破坏了有效的探究。斯托克曼及其同事采用了一些技巧来减弱他人的抵制，其团队也把稳妥的议题提交到内阁会议。这是一个很好的策略。正是由于对棘手问题的探究无法深入下去，从而为平庸绩效创造了条件。斯托克曼认为，是其他人破坏了合理的探究，使问题无法解决。

设想下温伯格和总统办公室的人员会有什么反应。他们不得不采取报复行为，以阻止斯托克曼的做法，但又要表现得若无其事，或者至少表现得不是为了挫斯托克曼的锐气。为了取得胜利，他们必须召开会议，制定策略，并撰写备忘录。通过这一案例，较低层级的会议参与者也能了解到强权政治及其不可讨论性。

向里根总统提交预算削减等事项的方式也存在问题。里根总统会审查最终成果，但几乎不会审查成果背后的过程。而且，尽管他记得某个削减项目，但不记得削减的原因。当被问及原因时，里根总统可能会说这个决定得到了内阁会议的一致同意。但事实并非如此，里根总统根本不了解内阁成员为削减开支而采取的种种措施。斯托克曼很快认识到："事实证明，预算工作委员会只取得了名义上的成功，而并未落实于政治领域，总统根本不知道其中的缘由。"

也许这个结论并不准确：预算工作委员会失败了，因为斯托克曼采用的实际政治手腕，表现出了组织习惯性防卫，从而挫了自己和团队的锐气。此外，里根总统可能知道了一些情况，当然这只是推测。米斯可能告诉过总统，斯托克曼是有真材实料的，米斯可能会以一种不造成斯托克曼及其团队太混乱的方式与其打交道。

为了避免削减预算的目标夭折，斯托克曼也学会了在会议上妥协。例如，某次会议结束后，某项预算仍有 440 亿美元的缺口。斯托克曼及其团队已经准备好要发布一份紧急新闻稿，他决定在其中加入一条简短的宣传语：未来的储备，削减 440 亿美元的预算。这个宣传语被称为“神奇的星号”，但它同时困扰着斯托克曼，因为没人重视它。每个人都认为这些削减项目已经完成或很容易完成（*Frontline*，1986）。

随着压力的增加，斗争变得更激烈。相关人员忘记了他们当初的预测多么乐观，他们开始相信，自己设想的理想前景是真实的。但他们也不得不担心：“如果我们……公开巨额的预算赤字，国会几乎就不可能通过该项目。”（*Frontline*，1986）斯托克曼补充道，他认为相关人员不会企图故意欺骗国会，从而使减税法案得以通过。“这是一种自我欺骗，是某些理论家的一厢情愿。我也是如此，愿意相信为实现宏伟愿景所做的事是合理的，极度轻信其可行性，也愿意相信一些理所应当的推论。”（*Frontline*，1986）

这是关于组织防卫造成的影响的一个重要见解，组织防卫造成的负面后果会逐渐累积。人们将学会逃避造成防卫的责任，将错误归咎于他人。要不了多久，回避和掩盖就会成为人们的第二天性，但事实上它们仍然是被设计、制造出来的。这意味着人们在采取回避行为时会尽力权衡利弊，而且已经非常熟练。如果你把自己指责的他人采取的回避行动与自己常采取的回避行动结合起来，那就不难推测出，斯托克曼团队很快就会觉得造成防卫的责任在于他人，而且还不会承认自己也有责任。相关人员很快就会忽视自己对事实的曲解。

斯托克曼承认，经过反思，他清楚人们如何不负责任地行事，如何掩盖问题，如何基于不可靠的事实制定短视的政策。但斯托克曼坚称，那些人并未清楚地意识到自己的行动。他说："我不认为有人在撒谎……没有人在故意欺骗……我们感到困惑……但没人说'我们明白大家都在撒谎，但无论如何我们都要做下去'。"他补充道："我们都陷入了那些常见的策略斗争中……我们从来都没有时间增强……大局意识。"（*Frontline*，1986）

导致问题更为复杂的是，参与者在时间紧迫的情况下进行了无数次或大或小的斗争，以致挫败感和失望感不断升级，这些负面情绪造成的影响不断累积，很快就达到上限。此时，他们必须小心翼翼，以免关系破裂、目的落空。他们的重心会转向抓紧时间"赢"过他人和自我保护，而无暇对自我欺骗的行为进行反思。实际上，对自我欺骗行为进行反思只会带来更多心理负担。

斯托克曼认为，总统没有看到经济改革失败的真相，里甘应对此负责。斯托克曼提供了相关信息，里甘则提示总统不要相信这些信息。里甘向总统汇报时提到，计划尚未生效，斯托克曼的担忧为时尚早。而且，如果问题比预想的更严重，那只能说明总统接手的是一个非常糟糕的局面。

斯托克曼最终放弃了。他说：“可以肯定，这种假设缺乏事实基础，但我根本不想再争辩。”（Stockman，1986）不久之后，斯托克曼开始尽力回避公开演讲，因为他深知自己不得不谨慎行事。“我不能坦陈我知道的内情，否则会在白宫引起新的动荡……我真是受够了。”（*Frontline*，1986）。斯托克曼最终辞职并反思道：

> 1981 年，我尚且不够明智，不知道自己的行为也是导致计划与结果完全背道而驰的重要因素。我知道，我与其他人对此都有责任。这不是我的初衷，我并非有意如此。（*Frontline*，1986）

我认为，斯托克曼并不缺乏技术、经济、预算方面的智慧，他的朋友和敌人都认为，他是一名出色的分析师，而且工作勤奋。斯托克曼和我们大多数人一样，缺乏的是对自身熟练的无能的理解，是对我们如何助长和强化了习惯性防卫的理解，以及对最终的无力感和绝望和以试图实现某些重要目标或愿景为名义而接受的自我欺骗倾向的理解。

斯托克曼解释道，这种自我幻灭是由于太急于求成和过度自信。我提出了另一种略微不同的解释：斯托克曼和其他多数聪明的分析师的自信往往体现在技术领域，他可能对自己回避白宫内部习惯性防卫的能力很有信心，但其采用的策略本身就具有防卫性。很快，他就洞悉了任何聪明、诚实的人都能理解的事情，他开始无意识地欺骗自己和他人，使用防卫推理，聚焦于没有争议且因此而不重要的问题。他意识到，他为了实现目标而打造的环境，实际上与他正在与之斗争的环境没什么不同。

我认为，这种想法是导致他感到倦怠和脱离组织高层的最根本原因。人们如何意识到自己对这种矛盾负有责任呢？他们如何才能接受下述事实：为了维持这些矛盾的局面，他们不得不撒谎？他们如何能接受自己构建的管理体系并不可靠的事实？

如果相关人员可以讨论影响，这些因素从未被公开检验过，但表现得似乎都有效，那么又会如何呢？斯托克曼认为，在鼓励总统不要对他所描述的信任状况过快气馁时，里甘采取的方式具有破坏性。（*Frontline*，1986）有人可能争辩说，斯托克曼和其他同一主场的官员为了不讨论里甘或他们自己对总统的影响，以及相互的影响而保持沉默，这同样具有破坏性，甚至破坏性更强。

如果内阁能够就最初的乐观预测展开讨论，那么情况会如何？他们或许能够把秘密公开。同样重要的是，这样的探索可能会让他们质疑自己的假设，停止指责其他总统造成赤字。斯托克曼说，早在 1981 年 11 月 12 日，他就知道经济形势已经比《大西洋月刊》上的文章预测得更糟糕：

> 我知道，美国经济正处于高额财政赤字、债务的悬崖边上，美国经济的根基都陷入了破坏性的、严重的混乱状态。（Stockman，1986）

在当下及将来很长一段时间内，美国人民都将为里根总统任内的熟练的无能和组织习惯性防卫付出代价，正如他们为前几任总统的失误付出代价一样。

“挑战者号”灾难与习惯性防卫

在发生了“挑战者号”灾难的组织中，不仅有高涨的工作热情，还有一套旨在防止此类事件发生的详尽的规章制度。实际上，规章制度有些过于详细，用美国前国务卿威廉·罗杰斯（William Rogers）的话来说，就是 NASA 似乎是因太“照章办事”而出了问题。具有讽刺意味的是，由他担任主席的事故调查委员会（即罗杰斯委员会）增加了更多规章制度，并编写成一本更厚的手册。

在分析这个案例时，我首先聚焦于罗杰斯委员会的推理和行动，其次关注造成此次灾难的 NASA 以及其他人的行动。我这么做的原因是，NASA 和其他人的行动符合现有的组织防卫模式

（Organizational Defensive Pattern，ODP），聚焦于这些模式会显得重复。首先聚焦于罗杰斯委员会是为了表明，即使是合法授权的委员会，在调查灾难发生的原因时也回避了组织防卫模式。我并不认为他们这么做是因为担忧或遵循他人的要求，我更愿意相信，委员会成员和多数人一样，也认为组织防卫模式是理所当然的。

我从对罗杰斯委员会的分析中得出的结论开始阐述：

> 安全问题明明得到了重视，并且由专人负责，为什么还是变得如此严重。灾难性局面是逐步形成的，NASA 和其他机构能够识别并报告安全方面的问题，但他们没有这么做。参加任务的各层级人员，都有高涨的工作热情，聚焦于航天飞机的运行。一旦航天飞机成功发射，参与者的注意力就会被转移。（Presidential Commission，1986）

罗杰斯委员会认为，尽管为了防止灾难发生，他们制定了完善的组织结构、政策与规章制度，但安全问题仍然很严重。那些能识别并报告安全问题的人没有按要求履责。然而，我在阅读证词时发现，确实有人发现并报告了安全问题，但他们的报告方式导致且强化了组织习惯性防卫，委员会显然没有重视这些人的行动。让我们从一些证词中寻找证据。

NASA 航天飞机项目副经理理贾德森·洛夫古德（Judson

Lovingood）博士听取了莫顿聚硫橡胶公司（Morton Thiokol）工程师的意见，基本决定推迟发射。但参加了此次会议的航天飞机项目经理史丹利·赖纳茨（Stanley Reinartz）说，工程师们只是提出了若干问题，并未要求延期发射。（Presidential Commission，1986）

罗杰斯委员会成员没有要求每位证人尽其所能回忆当时人们说过的话，以及他们从那次谈话中得出不同结论的线索。如果获得了这样的证词，委员会就可能深入了解人们得出结论的推理过程。这种洞察本可以帮助委员会制定出一套方法，避免观点不同的各个高管陷入纠纷。

例如，委员会本可以询问，为什么洛夫古德和赖纳茨没有交流彼此的观点，坦承他们的职责可能会如何影响各自的观点。换言之，他们各自掌握着必要的信息，但没有进行交流讨论，原因之一可能是许多组织中都存在的问题：分工导致的立场和观点分歧，应由上级部门协调解决。但两人显然没有讨论过彼此的分歧，因此压根不涉及上级部门。两人都清楚，任何问题都不会牵连到他们，因为他们各自的思考和行动都符合健全的管理办法。

有一名委员会成员询问过赖纳茨，能否自己做决定，不把问题提交给上级，赖纳茨给出了肯定的回答。委员会没有询问这名成员这样做的原因。例如，赖纳茨可能会对部门其他成员说："我不打算把该问题交给上级来解决。你们有什么意见吗？如果有人支持交由上级的做法，我会很乐意把他的意见传达上去。你们可以与我一起传达，也可以单独传达。”（在IBM这类组织中，后一种做法是被允许的。）无论怎样，关键在于，为做出一个可以避免灾难的决策，那些必要的信息在任何情况下都应该是可以得到的。

莫顿聚硫橡胶公司的罗杰·博伊斯乔利（Roger Bolsjoly）向上级和其他人陈述了对O型圈的顾虑，他们问他能否把顾虑量化，博伊斯乔利说不能。后来他作证提道：“听取意见的人对我们得出的结论和提出的建议不满。”（Presidential Commission，1986）

委员会可以询问博伊斯乔利为什么会这样认为。他向委员会汇报了这一结论后有没有向委员会检验其正确与否？假如他当时这样做了，并且委员会成员证实了他的想法，那么他可以向莫顿聚硫橡胶公司的上级提出下述问题：“如果可以，你需要我提供什么信息才会改变主意？你为什么相信我能够及时获得这些信息？但事实是你知道我无法得到这些信息，也无法满足你提出的要求。你对我提出这项要求的用意是什么？如果这是给我的一个暗示，但这也回避了实际问题。”

如果那些信息是系统性定量数据，需经过研究才能获得，而人人都知道根本就没有这样的研究，而且这样的研究也不是能迅速完成的，那么这些探究将有助于向所有相关人员揭示，其上级领导是多么固执己见。如果他们的上级知道这一事实，那么以明哲保身的方式采取行动就会更困难。例如，洛夫古德和赖纳茨各自得出相互矛盾的推论，并且不让其他人检验，这一行动本身就是明哲保身的做法，因为对结论保密并表现得似乎并非如此，是人们掩饰自己的一种方式。人们如果不加以掩饰，可能就会更容易受工程数据的影响，或者可能把不同的意见提交给上级。高管作证说：如果他们知道存在意见分歧，就不会同意发射航天飞机。

工程师们不能理解，为什么他们的建议会完全反转，他们一遍又一遍地明确表示："当阿尼认识到无法打通电话时，他就不再打了……当我发现没人听我的意见时，我也就不说了。"（Presidential Commission，1986）

关于上级的坦诚，如果工程师与上级讨论了其归因，那情况会怎样？例如，在管理层做出发射的决定后，工程师们被问到是否有意见，但工程师们都保持沉默。管理层向委员会解释道，他们把下属的这种沉默视为同意发射。如果工程师们说："我们虽然有机会表达自己的观点，但上级并不会听取。"那这些话可能会让管理层反问："工程师们为什么这样认为？"这个问题可能会让某位工程师说出他私下里对其他工程师说的话：

> 此次会议是要做出决定，发射航天飞机，而我们却必须坚定明确地表示这么做不安全，这与航天飞机发射前的讨论或审查发射准备时的情况完全相反，通常是我们认为可以发射，而管理层却要全力排查不安全因素。（Presidential Commission，1986）

如果工程师在会议上表达出了上述意见并问道："若你们不同意我们的结论，那能告诉我们反对的理由是什么吗？这将有助于我们更充分地理解你们的立场，或许还可以帮助我们更有力地维护你们的立场。"那么，情况会怎样？

工程师们认为，询问管理层的反对理由，无异于质疑管理层的特权，因此上述任何一种情况都不太可能发生。把工程师们排除在管理决策之外是一种惯常做法，旨在避免分歧，以及由此导致的偏差升级、各持己见与意见分化。

工程师们表示，这种做法没有问题，因为他们认为自己已经得到了表达观点的机会。他们在证词中强调，他们不会以任何方式质疑管理层的决策权（Presidential Commission，1986）。因此，他们放弃表达观点并把真实想法掩盖起来，对组织而言是合理的正直和忠诚行为。

有一个委员会成员询问工程师们是否处于下述困境：即使他们能够提供阻止发射航天飞机的有力证据，这些证据也不太可能被采用，因为以前的发射没有遭遇失败。工程师们答道："没错。"（Presidential Commission，1986）

如果工程师们向上级阐明这种困境，情况会怎么样？如果上级知道工程师们面临的困境，那么会如何回应？

乔治·哈迪（George Hardy）是马歇尔航天中心主管科学与工程的副主任，他表示对工程师们的结论感到震惊。劳伦斯·马洛伊（Lawrence Mulloy）是马歇尔航天中心固体火箭助推器项目经理，他声称自己曾经询问工程师们是否想把发射日期推迟到 4 月。某个委员会成员问高级副总裁杰里·梅森（Jerry Mason），哈迪和马洛伊的观点有没有影响梅森的判断，梅森答道，这些评论可能会影响职位较低的工程师，但不会对他产生影响，因为他一直在处理这类问题（Presidential Commission，1986）。

如果梅森对工程师们说："我认为，你们对高管（如哈迪和马洛伊）的反应见得太少了，我想详细地了解他们的意见对你们造成的影响。"那么，情况会怎样？这一要求可能有助于工程师们公开表达内心的想法，即认为高管对他们感到不满。

此外，这样的探究可能有助于使未来公开表达这种感受的行为合理化。管理者们会注意到，NASA 的高管希望了解员工的这类想法，以及员工是如何处理这些问题的。

对话得出两个结论：一是双方都各执己见；二是双方都以为对方固执，并且对此加以掩盖。例如，上级保持平静、冷静与镇静，不屑于理会工程师们的情绪。由于情绪问题从未被纳入讨论范畴，因此上级可以"实事求是"地指出，会议氛围是平静、冷静、镇静的，工程师们有足够的机会表达他们的观点。

工程师们的权力有限，可以选择保留或放弃自己的观点，有些人就是这样做的；也可以选择说出自己的观点。然而，某个表达出自己观点的工程师却可能会非常沮丧，因为他的观点可能会被平静、冷静、镇静的上级认为过于情绪化，可能有失公允，这些观点不会受到上级的重视。

例如，莫顿聚硫橡胶公司的艾伦·麦克唐纳（Allan MacDonald）确实曾感到不安，并直言某个上级的观点“愚蠢”。后来麦克唐纳说：“如果此次发射出了问题，我可不想站在调查委员会面前说……我告诉过上级领导……虽然此次发射的条件已齐备，但发动机的条件不合格。”（Presidential Commission，1986）

NASA 各层级人员都具有“勇敢去做”的态度，因此可以设想，麦克唐纳的意见会导致高管们为表现英雄气概而冒险发射航天飞机。

现在回到委员会的调查结果上，该调查报告指出：

- 结构严密、管理有序、重视安全的系统，本应让人们注意到不断积累的疑虑。
- 忽视发射的约束条件，似乎以牺牲飞行安全为代价。
- 没有任何制度要求所有管理层必须考虑发射的条件和取消发射的条件。

- 委员会陷入困境……马歇尔航天中心倾向于遏制潜在的严重问题，并试图内部解决而不是对外公开。

这些调查结果只有部分正确。例如，问题不仅仅在于结构严密的系统，它们本应让人们注意到不断积累的疑虑，但实际上人们忽略了这些疑虑，原因在于人们遵循大多数组织处理习惯性防卫问题时的做法。为什么必须告诫那些忠诚的、坚定的员工，考虑发射的条件以及取消发射的条件是各级管理层的事情？工程师和其他员工都很清楚彼此的分歧，为什么他们又需要规则来引导他们对众所周知的关键分歧进行上行沟通？换言之，当管理者决定不开展上行沟通时，是什么样的组织防卫模式在发挥作用？

最后，用官方的话说，委员会担心围绕潜在严重问题的上行沟通会成为下属掩盖自身过失的秘诀，这一担心也适用于下述情况：下属人员指出，所有发射的条件以及取消发射的条件都被提交给各级管理层。

委员会通过这种方式陈述调查结果，不太可能减少习惯性防卫，弱化组织赖以生存的防卫性生态系统以应对尴尬和威胁。例如，委员会可能已经得出下述结论：相关人员认为，组织存在一个结构严密、管理有序、重视安全的系统；他们知道发射的条件在“勇敢做事”态度的影响下被忽视了；他们知道自己违反了必须向各级管理层如实汇报发射条件这一规则；他们知道如果有必要，就可以把问题提出来。

问题不仅在于组织结构、规则和独立的监管机制，还在于那些高度忠诚、出于好意、以安全为导向、抱有“勇敢做事”心态的相关人员，他们通过以下方式进行推理和行动：违背自己的标准，掩盖这种违背行为，并且对此加以掩盖。

委员会建议成立一个独立于 NASA 的新监督团队，重新界定管理者和宇航员在决策过程中的角色，成立新的航天飞机安全专家组，组建审计小组进行更严格的审查，设立新的安全岗位，并由直接向局长汇报工作的个人来领导。

如果委员会认为熟练的无能和组织习惯性防卫是不可管理的，那么这些建议就不足为奇了。然而，这些建议只会加剧官僚主义，同时强化固有的熟练的无能和组织习惯性防卫。同大多数人一样，只有把熟练的无能和组织习惯性防卫视为理所当然的人才会得出上述结论。

结论

组织习惯性防卫导致个人之间、团体之间令人感到尴尬和威胁的偏差，并且组织很有可能无法察觉并纠正它们。因为组织习惯性防卫的基本规则是：①回避偏差，并且表现得似乎并非如此；②使这种回避行为不可讨论；③使这种不可讨论现象也不可讨论。这些规则导致组织习惯性防卫更加难以被纠正。实际上，纠正组织习惯性防卫的意图反而会激活和强化习惯性防卫，从而使其进一步扩散。

人们感到无力改变组织习惯性防卫，至少有两个原因：第一，由于人们采取的行动似乎只会强化这一问题，因此他们认为改变无望；第二，人们不希望被当成是自找麻烦、故意让情况变得更糟的始作俑者。结果，组织中形成了一个相当于“地下经济”的体系，也就是一个活跃的、繁荣的，但官方却认为不存在或已死去的灰色组织，并且那些促使灰色组织可能继续活跃并繁荣发展的因素依然存在，即组织习惯性防卫会作用于组织的日常工作。

通过有关防卫性推理和行动的案例，组织中的多数人通常都知道如何管理“地下经济”。例如，雷曼兄弟公司的破产重组（Auletta，1985）。该公司内部的组织习惯性防卫问题如此严重，以致首席执行官彼德·彼德森（Peter G. Peterson）对曾经接受过其帮助的人的背叛感到震惊。但这些人指出，彼德森的震惊恰恰是他盲目的证据，当某位合伙人情急之下质疑公司管理层的道德承诺时，其他各个合伙人都保持沉默。导致公司破产的习惯性防卫循环往复且根深蒂固，大家对此都心知肚明。

OVERCOMING
ORGANIZATIONAL
DEFENSES

第 4 章

玩弄花招和萎靡

第 4 章
玩弄花招和萎靡

在第 3 章，我们了解到，习惯性防卫一旦产生，就会导致人们以妨碍组织正式目标的方式行动。本章展示了人们如何以保护习惯性防卫的方式思考和行动。人们会玩弄充满防卫推理的花招，这些花招不仅保护了防卫行为，还滋生出另一种组织病状，我称之为“萎靡”。

组织习惯性防卫造成了双重窘境，如果不正视这种窘境，就会损害组织的绩效，以及员工对组织的贡献和关心。追求卓越充其量只会短暂流行，注定会逐渐退化。如果为了减少习惯性防卫而正视它们，就有自找麻烦的风险，因为相关人员并不知道如何有效应对。熟练的无能、遵循习惯性防卫的逻辑行事、产生无望感、报以嘲讽态度，都不是做出改变的坚实基础。

然而，组织习惯性防卫及其后果违背了管理职责及公认的管理原则。人们如何在这种双重窘境中工作？答案因人而异。对那些对组织没有贡献的人、与组织保持距离的人、选择明哲保身的人来说，这不是一个严重的问题。他们在充斥着习惯性防卫及其后果的窘境中，反而感到舒适和安全。毕竟，人人都回避习惯性防卫，并掩盖这种回避行为，谁能因为人们太实际而惩罚他们呢？

但对那些真正关心组织绩效、为追求卓越而自豪、愿意为组织做出贡献的人而言，情况截然不同。对他们而言，这种双重窘境引发了各种内在矛盾，对现状照单全收与其信念相悖，他们怎么能接受这种反差呢？他们会感到羞愧甚至内疚吗？可能有很多人会因此感到沮丧、懊恼，但他们看不到出路。

人们处理压抑情绪的一种方式是重新界定权力与责任（Baum，1987），具体会采取下述做法：每当他们自己或他人可能感到羞愧或内疚时，就重新界定这些术语的含义。例如，人们可能愿意承担责任并有权力这样做，但当有机会减少组织习惯性防卫时，他们就会重新界定权力与责任的含义，以便能够继续回避和掩盖回避行为。

我将这种做法称为“玩弄花招”。这些花招包括下述行动：使人们对自身行动中的矛盾视而不见，或者使人们否认这些矛盾存在。如果做不到这两者，那就指责他人。**玩弄花招是指，随意做出具有防卫性的推理和行动，从而继续与组织保持疏远、对存在的问题视而不见，并且避免让自己为此负责。**

为了深入了解这些花招，我们的研究团队需要找出一些案例来说明，虽然个人或团体致力于解决棘手问题或情况，但难以取得成效。而且还要说明，行动无效的一个关键原因在于他们自身的行为，但他们并未意识到这一点。

下面介绍三个有关玩弄花招的常见案例，它们具有很强的代表性。第一个案例的主角是一群高管，他们希望打造一个有成效的、有凝聚力的高管团队。第二个案例的主角是一群专业人员，他们谴责组织习惯性防卫和玩弄花招的行为，然而每当他们试图减少这些行为时，自己就会玩弄花招，这反而强化了习惯性防卫。第三个案例的主角是一群组织发展、管理培训、职业发展领域的专家，当面临压力时，他们恰恰会以自己谴责的方式行事。

Team 先生玩弄的花招

Team 先生始终信奉团队合作的重要性。他认为：

现在组织规模太大了，技术也趋于复杂，因此公司的发展不可能再依赖某个人，无论此人多么英明神武。即使这样的人存在，我们也知道，要想在未来有效地完成任务，就需要一个团队。

或者

你们是公司里最重要的团体，你们真正掌握着公司的财富，未来取决于你们。接下来的创新任务将非常复杂且花费巨大，仅靠个人将毫无作用。

Team 先生对其直接下属在团队建设方面的进展，表示失望和不耐烦，他怀疑他们能否成为有效的团队，但他掩盖了这种怀疑。

> 他们尚未成为一个可以讨论棘手问题的有效团队，有人优柔寡断，甚至有人在紧要关头退缩。
>
> 或者
>
> 我不知道为何他们作为一个团队没有成效，或许他们没认识到成为一个团队有多么重要。（停顿）不……我真的不知道原因是什么。
>
> 我最担心的是，我发现他们不愿聚在一起坦陈彼此的分歧并设法将之弥合。

下属把综合性决策推给他来制定。当被要求对此做出解释时，Team 先生思考了一会儿说道：

> 或许是因为我们的组织文化。团队中的多数人已经在这里工作了至少 15 年，或许他们本人也是这种文化的受害者。
>
> 或者
>
> 说到底，像我们这样的人，当团队成员向我们寻求解决方案时，我们才会给他们一个方案。

用我们研究团队的话来讲，Team 先生在左栏写下的“未说出口的想法和感受”包括：

> 我在努力。我一直在寻求建立一个团队。
> 他们越来越让我失望。
> 我必须保持乐观，不断努力。
> 这让人感到厌烦和失望。

面对日益强烈的怀疑感和被操纵感，Team 先生的应对方式是自我审查并表现得似乎没有这些感受。他推断，如果要取得任何进展，他就必须“表现得乐观”。他从未检验这种归因，也没有表露失望，他以仁慈和避免让团队成员尴尬的名义做出这些行为。

当被问到他根据什么线索推断团队成员会尴尬时，Team 先生不是无法提供任何线索，就是提供的线索表明，这显然是他自己的行动造成的。受到进一步追问后，Team 先生最终承认，他的行动源于讨论以上想法和感受会伤害或激怒下属的观点。但他也立刻指出，他不能检验这些观点正确与否，因为检验行为本身就可能会使情况恶化。

Team 先生的担心是有道理的。有些下属确实会不安，因为他们也认为讨论这些问题会有风险，但他们相信并可以举例来证明，风险主要在于 Team 先生会如何回应。他们只是不相信 Team 先生不会生气，也不相信他们进行了这样的讨论，Team 先生还能够不记恨他们。

这还不是问题的全部。我一次又一次地发现，在这种情况下，下属们与 Team 先生之间存在的棘手问题，在下属之间同样存在。在许多情况下，如果他们能够解决这些问题，那么就会松一口气。

例如，我分别采访了 Team 先生的所有直接下属。我发现，他们准确理解了 Team 先生信奉什么。他们都能够说出 Team 先生关心的每一个问题。例如，他们认为 Team 先生有以下想法：

> 未来取决于团队整体。
>
> 任何个人都无法凭一己之力完成未来的创新。
>
> 我们不擅长接受任何人的领导。
>
> 我们是一个田径队，而不是一个篮球队，但 Team 先生想要的是后者。

然而，直接下属们没有领会到，上司对团队建设方面的不足有多么失望和不快。当我询问团队成员时，没人说过“他累了”“他受够了”“这真的让他为难”等。

此外，至少有一半直接下属认为约翰·韦恩[①]的神话依然在上演。事实上，许多人期待有一天能成为英雄，功成名就。他们还认为，表达不同观点会有风险。这可能会激怒 Team 先生，而且“如果你让他生气，你永远不知道会发生什么”。另外，“与同事们相比，你可能会显得过于争强好胜”。

然而，有什么证据能表明在这些问题上持有不同观点会有风险呢？没人能从每周的员工会议中举出具体案例，可能是因为这些不同的意见很少在周会上得到讨论。

当我与 Team 先生团队的核心成员会面时，他们致力于纠正而不是回避团队建设的问题这一点让我深刻印象。他们计划召开一次会议，会上他们能公开地、建设性地与 Team 先生讨论团队问题。让我印象深刻的还有，他们打算把自己争强好胜的表现和掩盖行为作为主要议题。他们对主要由老板界定议题的会议不感兴趣，所以提前准备好了拟讨论议题的相关建议和员工会议的具体案例。

会议顺利召开。Team 先生一开始就多次指出自己想要构建团队，然而在某个更坦诚的时刻，他也表示，对于能够构建怎样的团队，他正在降低期望，并且已经厌倦了承担所有的综合性工作。

① 约翰·韦恩（John Wayne），美国电影明星，擅长出演西部片和战争片，扮演的角色多极具男子气概，个性鲜明。此处是指下属们并未重视团队，依然崇尚个人奋斗。——译者注

核心成员理解 Team 先生的担忧，并且从自身的行动中举出了导致难以构建团队的案例。他们把案例的范围扩展到更大的团队以及 Team 先生的某些行动中，Team 先生认同前面的案例，但似乎对涉及自身责任的案例不认同。Team 先生表示，他不会与团队成员讨论这些问题，因为他认为这会伤害他们。接着他举了一个案例，表示曾打算私下与某人进行一次谈话，从而巧妙地将其从更大的团队中调离，并避免让他人怀疑此人遭遇了失败。

对于 Team 先生认为此人绩效不佳一事，其他团队成员并不惊讶。他们感到惊讶和困惑的是，此人绩效不佳可以被合理地归咎于他本人以外的其他因素，包括 Team 先生。我很惊讶，他在与此人谈话前竟然已经提到过这个人的名字。

Team 先生在会议结束前承认自己感到焦虑。对于这种情绪反应，他的解释是星期天临近前的疲惫。他还说，团队问题很重要，必须予以解决。他召集团队成员碰面，一同采取下一步行动，但他排除了召开这样的讨论会的可能性。团队成员一致认为，观点对抗可能有弊端，那不是他们想要的，他们满怀信心地认为，召开一次会议会有建设性成果。但 Team 先生并不认同。

参会者闷闷不乐地离开了会议室，有人私下说，他们没料到 Team 先生会如此固执己见。表 4–1 是梳理出来的一些会议结果。

表 4–1 会议结果

Team 先生的言论	Team 先生的行动
1. 我们必须学会作为一个团队来开展工作，独行侠时代已经一去不复返	1. 我反对用两天的会议来讨论团队建设中不可讨论的障碍
2. 我们真正掌握了公司的财富，尤其是人才	2. 我会控制一切，并且每当讨论不合我意时，你们就不能继续讨论（核心成员也不例外，尽管他们是 Team 先生最珍视的财富）
3. 我们必须学会在紧要关头不退缩、不逃避	3. 在紧要关头，我可以退缩，也可以逃避
4. 组织文化导致人们不能成为有成效的团队成员	4. 当核心成员设计一场我不认可的团队建设会议时，我会单独行事并忽略团队的意见
5. 我这样的高管或许对下属们太温和了	5. 我会对自己温和一些，并且否认这一点
6. 我们必须审查所有妨碍团队建设的因素	6. 不允许讨论我玩弄的花招

Team 先生解释道，上述任何矛盾的存在都是必要的，他说："我不允许召开这种讨论会，是因为这可能会伤害他们，我担心他们中的许多人不能承受。"

当我问他，这样的推理和行动是否会过度保护个人并妨碍建立有效的团队时，Team 先生叹了口气微笑着说："正如我告诉你的，我可能对他们太温和了。"

下属玩弄的花招

上述案例表明，玩弄花招往往涉及上级对下级的控制。有越来越多年轻的、明智的专业人员，如顾问，也在玩弄花招。

我研究的年轻专业人员都在学业方面成绩优异，在本科和研究生阶段几乎从未遭受失败，鲜少的失败经历让他们对失败的承受力极差。可以理解，他们害怕失败，甚至害怕想起失败的经历。

这些专业人员在工作中有强烈的动力追求卓越。他们愿意努力工作，一个原因是以往的经验表明，努力工作会带来成功；另一个原因是，他们认为自己的报酬非常丰厚，自己应该为组织创造最优绩效。

既对成功高度渴望，又对失败极度恐惧，导致年轻的专业人员在面对错误时非常脆弱。犯错会让他们产生过强的挫败感，而这会进一步导致负罪感。年轻的专业人员经常用"末日剧变"来比喻他们出现偏差时的感受，这既描述了他们对灾难的感受，又说明了产生这些感受的速度非常快。

毫不奇怪，关于为出现错误负责的问题，这些年轻的专业人员也会争执，在与人打交道出现的偏差方面尤其如此。他们中的许多人在学校时都非常成功，当时他们主要处理与导师的人际关系，已经学会了如何有效地与老师打交道。他们准备充分，学习成绩一流，对学习热情高涨，且有强烈的兴趣。

然而，他们几乎没有学到如何与同学相互支持的技能。他们最关心的是导师和自己的成绩。多数人都明白取得优异成绩的重要性，在学习上寻求必要的自主权，从而取得良好的成绩。他们并不喜欢依赖他人或被他人控制，只渴望得到关于自身成绩的反馈，许多人期待获得积极正面的反馈。因此，多数人遣责 I 型模式的束缚性特征。

当有机会审查和改变影响自主权的因素时，他们就会玩弄花招。例如，有些年轻专业人员批评上司对他们的绩效给出了糟糕的反馈，没有真正关心或倾听他们的意见，并且忽视了他们面临的职业发展问题。让他们感到惊讶的是，上司建议对绩效不高的问题加以研究，以便使它得到解决。

这群专业人员在我这个局外人的帮助下开展这项研究。该研究的设计与实施非常到位，对问题的分析非常合理。他们还为此召开了为期一天的会议，以便向高层提出反馈意见，并保留了会议的录音材料。

关键在于，他们提出反馈意见的方式恰恰与他们抱怨的上司采取的方式相同。例如，他们批评上司的反馈意见过于主观、片面和抽象。然而，他们在会议上向上司提出的反馈意见也同样如此。我认为，当上司需要更具体的数据，或出于建设性要求质疑研究结果时，这群年轻专业人员就会指责上司没有“真正”倾听，并且“变得具有防卫性”。不出所料，他们很快就与上司产生隔阂，创造出一种被他们谴责的情况。

我在此时介入，指出了上述情况。这些年轻的专业人员最初以为我在站队，不再是中立的第三方。于是我提出一起听一段录音来检验他们的归因。他们起初不愿意，后来才同意播放录音。他们对听到的录音内容感到惊讶，甚至有点尴尬。他们努力寻找证据来证明上司的行动导致他们工作低效。在某些情况下，录音证实了他们的判断，但这些情况发生在他们的主观臆断和断章取义之后。

这群年轻专业人员表现出的防卫行为给我留下了深刻印象，他们努力在上司或组织中寻找导致他们工作低效的原因。我认为，如果没有录音，他们会难以接受自己也做出了防卫行为的事实，且这种行为与他们指责的上司的行为一样。录音成为他们无法否认的确凿证据。

为了说明聪明的专业人员玩弄花招的程度，我再举个案例。这个案例的主角是某家咨询公司的一名副总裁。实际上，他正试图减少项目团队中的组织习惯性防卫行为，以便尝试采用新方法为客户提供服务。他打算根据学科来划分团队任务，他也认识到，以这种方式构建项目团队会违背公司原有的规范。因此，他将计划开展的实验告知了每个年轻顾问，并请他们参与实验，但也强调如果他们不认同这个想法，那么可以不参与。四个年轻顾问欣然参与，这个实验可能代表一种新咨询方式，他们乐意尝试。

副总裁告诉这些年轻顾问，自己并不关心他们的技术能力，但比较担心他们的合作能力。副总裁指出，他会努力让任何可能碍事的人际关系问题变得可讨论，尽管在通常情况下这些问题是不可讨论的。顾问们对此深表认同。

在初期的项目团队会议上出现了下述对话。

副总裁：我想提出一个问题，并听听你们的看法。我请你（2 号顾问）向团队其他人传达某些信息，但你说："我已经知道该信息，为什么要传达给别人？"这让我担心，对于其他问题，每个人都可能会说："我已经知道了，为什么我必须帮助别人了解这些情况？"

1 号顾问：本着实验精神，我想说的是，你让 2 号顾问陷入了不必要的尴尬。我认为，你对他说的话加以评论可能完全是出于好意，但你却曲解了他的话，并指出会出问题。如果我们从专业上的问题转向对人的心理进行分析，那么我会感到不舒服。

1号顾问认为，自己对此事的看法正确无误，副总裁使2号顾问陷入尴尬境地，并毫无根据地曲解了他人的行动意图。1号顾问还告诉副总裁，他不会配合副总裁进行“心理分析”，他笃信自己的判断，认为问题在于副总裁的行动。1号顾问没有引导他人对自己的观点进行探究，并暗示，像这样的进一步讨论让他和其他顾问感到不舒服。这种态度会让副总裁陷入困境，因为如果他想要探究1号顾问的观点和感受，对方可能会回应道：“你又来了，又开始进行心理分析了。”

还有一次，副总裁提出了其他顾虑，他承认自己倾向于冲动地做出陈述，并希望自己和他人的陈述受到检验。

> 副总裁：我担心如果我同意某事，就会被当作最终决定。而且，我认为非常重要的是，在说“等等，我认为情况要更复杂”时，能够不压制他人的观点或不被视为不公平。
>
> 1号顾问：我认为，这个项目团队让你没有安全感和信任感。

虽然1号顾问不希望别人对他进行“心理分析”，但他本人却认为副总裁负有责任，并对副总裁进行了“心理分析”，如他认为副总裁对团队缺少信任。

后来，副总裁试图探讨1号顾问处理某个技术问题的方式，副总裁倾向于审查大量数据，从中得出结论。1 号顾问则不重视数据，而是聚焦于“大局”，这意味着他首先关注概念和理论，然后才寻找支持性数据。副总裁担心，一开始就套用理论可能会导致他忽略复杂的情况，或导致团队只关注理论框架涉及的因素。他特别担心出现这两个情况，因为该实验旨在尝试理解客户存在的问题，而理论往往以学科为中心。副总裁接着举了一个 1 号顾问对问题进行推测的案例，并且该推测结果似乎不符合客户的看法，如果 1 号顾问深入分析了现有数据，就会发现这个推测并不能得到数据的支持。

> 副总裁：在我看来，你似乎认为自己的观点正确无误，但我看不到相关证据。我也不知道答案，你的回应似乎是：“那是我的问题。”
>
> 1 号顾问：不。我是说，有两种不同的观点，它们有不同的含义。你的意思是说，我的想法不切合实际，并且既然你有数据，那就有了正确答案，那我究竟为什么要做推测？

副总裁被指责已经有了答案，但他实际上是想要 1 号顾问做出推测，只不过要使用数据先检验其推测。1 号顾问对此不满，并扬言要退出项目团队。

> 副总裁：我的意思是，在你利用现有数据来检验自己的推测前，我没有必要对你提出的每个推测性论点进

行分析。为什么你不证实一下自己的推测？

1 号顾问：我为什么要浪费时间来分析这些推测？

副总裁：不是，请告诉我，为什么我应该采纳你的意见。如果你有充分理由，我愿意贯彻这些推测。

1 号顾问：不，你是对的，你是对的！我的推测理由不充分。

1 号顾问没有追问副总裁为什么认为有必要检验其推测，而是以下述方式做出回应：断言副总裁是在指责他浪费团队的时间，并且副总裁坚持认为自己正确无误。而副总裁否认这两点。1 号顾问也没有和副总裁探讨他们在观点上的分歧，以帮助副总裁看到可能存在的盲点，而是直接跳至结论：副总裁是正确的，自己的推测理由不充分。只有遵循 1 号顾问论点中的逻辑，这些结论才可能正确。此外，他断言副总裁正确而自己错了，无异于是在坚持自己谴责的逻辑。

后来，副总裁利用其他团队成员收集的某些数据来质疑 1 号顾问的推测。

1 号顾问：嗯，你又来了，你正在用数据压制人们对推测进行讨论的愿望。我做出了一个推测，然后你说："那是不正确的，因为……"接着你抛出一些数据。一锤定音！砰！我已经说过，我比你更了解这个推测。打住吧！

副总裁：我理解的你的意思就是："我在推测，而你开始提出问题反驳我的推测。"难道我们无权质疑你及我们所有的推测吗？

1 号顾问：嗯，当然可以质疑。但要证明我的观点而不得不进行推测，就会浪费我们更多时间，所以还是算了吧。

副总裁：好吧，我真希望你不要放弃。我希望你帮我看看我是不是错了，如果是，错在哪里。对我而言，要求你质疑自己的想法是没有道理的，我不应该这样。

在这个案例中，他们玩弄的花招与前面 Team 先生的一样。1 号顾问对副总裁的行动做出了归因，但从未加以检验，反而使用自我封闭的逻辑来证明自己的观点正确无误。与前述案例不同的是，玩弄花招者受到鼓励，可以表达自己的观点，不仅可以审查自己的行动，还可以审查副总的行动。因此两个案例的区别在于：第一，后者玩弄花招的情况是可以讨论的；第二，1 号顾问无权要求副总裁退出实验。因此，1 号顾问威胁副总裁自己要退出，这个策略基于下述假设：威胁副总裁的一种方式是暗示，即若副总裁继续质疑，那么项目团队和客户会失去一位一流技术人才提供的服务。

换言之，Team 先生和副总裁信奉相似的价值观：我们必须学会团队作战，独行侠时代已经一去不复返；我们都能掌握自己的宝贵财富，必须学会不退缩、不逃避；我们必须审查妨碍团队建设的所有因素。在后面这个案例中，正是下属妨碍了有效的团队建设，他们支持独行侠的行事方式，寻求单方面控制，导致犹豫和争吵相互交织，并且否认或掩盖了某些行动。因此，玩弄花招导致副总裁、两个顾问以及旁观两者较量的其他团队成员都不能了解到真实情况。

1 号顾问使副总裁陷入双重窘境：如果副总裁处理令人感到尴尬或威胁的偏差问题，1 号顾问就可能会遭遇一场“末日剧变”，并指责副总裁不近人情；如果副总裁不处理这些偏差问题，那么组织的服务质量就会下降。

为应对这种窘境，高管们试图选择那些对剧变反应不那么强烈的顾问来缓和这些问题，尽量减少成员之间的依赖性，尽可能不公开讨论团队精神。如果遇到严重问题，团队成员会独自处理。这种方式给每个人都保留了颜面，也允许年轻顾问们向他们的同事讲述发生的事情，并且他们往往会夸大对自己有利的方面。这是另一种习惯性防卫，有利于使年轻顾问们的失败感最小化。有时，这些问题会以夸张的形式传到高管那里，使他们感到生气，但他们认为纠正这些习惯性防卫反而会使问题恶化。

具有讽刺意味的是，这些组织习惯性防卫被视为理所当然，所有相关人员都对此感到遗憾，却视其为组织活动的构成部分。一旦习惯性防卫形成，就会反过来控制相关人员，相关人员却对改变习惯性防卫深感无力。对脆弱的顾问而言，这或许不全是坏事，因为他们认为自己玩弄花招可以被理解。高管们或许会得出这样的结论：在某些可能会令人感到尴尬或威胁的问题上，有必要与顾问们保持距离——实际上，这是体贴的表现。

关于副总裁和顾问的案例，我在非常偶然的情况下得知了结局：1 号顾问从我研究的那家公司辞职，自己创办了一家公司，在数年时间内取得了巨大成功。

在某次乘飞机外出时，我的邻座是曾在这家公司工作的员工，经过与他交谈，我得知，该公司陷入了困境。这个员工认为，公司最大的问题是 1 号顾问的行为“傲慢”，对客户来说尤其如此。这个前员工告诉我，他之所以离职并非因为傲慢本身，而是因为他认为，1 号顾问对自己的傲慢视而不见且固执己见。

我也认为 1 号顾问固执己见，难以进步，但我没有告诉邻座这个员工，我不认为 1 号顾问对傲慢视而不见。我的脑海里闪过一个情节，当时我让 1 号顾问对这个案例全部记录做出回应，他告诉我他已经看过记录并感到尴尬，不想再谈此事。

我回答说，选择如何回应取决于他自己。我也建议他考虑一下，如果他的行为如此令人沮丧，以致他自己都不想再提，那么或许有一天，同样的行为可能会让其他人感到难以忍受，以致他们可能以同样的方式对待他。

团队玩弄的花招

下面这个案例涉及 10 位战略发展部专业人员和负责人事的直线经理。为了更有效地制定更有效的措施，以纠正和减少熟练的无能和组织习惯性防卫行为，他们参与了一个培训项目。

他们参加了为期一周的研讨会，由此学会了诊断他们是如何无意识地促成了自己谴责的习惯性防卫的，了解了自己是如何做出自己建议他人不要做的事情的。尽管许多人发现这种诊断活动有时令人痛苦和尴尬，但都向上级表示，希望在一年内每月都用一天时间来进行这种学习。上级经过仔细询问，同意他们继续参加第二阶段的学习。

第二阶段的学习旨在帮助参与培训的成员在日常工作条件下培养新技能。此处讨论的案例涉及两名成员，他们围绕高管设定的主题制订了为期三天的研讨会计划，并把这份计划提交给团体其他成员，请他们坦率地提出批评意见。

刚开始，几个成员说他们认为，这两人严重怀疑整个项目的价值，但并未与委托两人制订计划的高管讨论这些疑问。某个成员询问了一系列问题，最后说道："你们的意思是，你们组织了一场研讨会，讨论的主题是自己不认可的事情？"这两人回答是的，并表示他们不得不这么做，因为高管向他们施压，要求他们尽快提交计划。

我关注的有两点，第一，这两人被迫设计自认为不妥的研讨会；第二，如果这种情况持续下去，他们将无法为组织提供良好的服务，并且可能会对高管产生不满和敌意，这反过来又会损害他们自己的工作成效。

我建议组织发展专业人员与高管讨论自己的看法，从而扭转这种强迫关系，并改变研讨会的设计。我接着说：

> 这两人告诉我们，他们感到不高兴，并指责高管的行为不妥。他们担心高管的行动不公正，指责高管让他们超负荷工作，但并未分析自己的感受。或许我们可以帮助他们弄清是这种窘境是如何产生的。

另一个成员问我："你的意思是，他们的计划实际上不合格吗?"

我说是的。这个计划的一名起草者对我的回应公开表示不满，另一个虽未如此，但也确实有点生气。我提出共同反思此事，检验我们说过的话和做过的事。

一名起草者和几个研讨会成员一开始就说，我对计划做出了负面评价，而没有对两名起草者为计划付出的努力表示认可。我同意自己对计划做出了负面评价，但不赞同他们指责委托人的做法，我不想与这种策略苟同。

此次对话包含未被发现的漏洞和矛盾（见表 4–2），与前面介绍的案例类似。

表 4–2　未被发现的矛盾

他们的言论	文字记录表明
1. 你可以使用其他词语，“不合格”的评价太苛刻了	1. 我确定他们的一位同事使用了这个词语。当我让他们通过角色扮演进行对话时，他们都小心翼翼地拒绝了。他们的同事认为这是一种掩盖和操纵行为
2. 你可以先给一些正面评价，然后再做负面评价，例如，“显然，你们两人付出了许多努力才有了现在这份计划。然而，我发现里面有若干行不通的地方”	2. 我无法肯定他们的“努力”工作，因为他们承认，由于疲于应付和超负荷工作，他们在制订这份计划上仅用了几个小时 我想帮助他们解决更深层次的问题：总是疲于应付直线经理，这是始终没有足够时间把工作做好的根本原因 我也提醒道：他们所有人都在抱怨超负荷工作且疲于应付
3. 先说一些正面评价，这样人们就可以聚焦于有争议的部分	3. 当我让他们以角色扮演的方式进行演示时，他们表示拒绝，并说：“这要视情况而定。”当鼓励他们聚焦于在团体中经历过的情况或任何其他情况时，他们都说想要再考虑考虑

经过几个小时的讨论，我们尝试形成了一份开会时人们使用的习惯性防卫地图。这份地图大致如下：

如果得到负面评价→我们感到→受伤和担忧。

我们之所以产生这种感受，部分原因有以下 4 点。

1. 或许我们无法做出我们重视的行为和建议他人去做的行为。
2. 我们错了，但我们似乎没有意识到这一点。
3. 我们产生了一种失败感。
4. 我们感到羞愧和内疚。

我们采取了表 4–3 中的对策。

表 4–3　问题与对策

遇到的问题	采取的对策
评价者是不公平的、主观的、苛刻的	如果评价者能够证明其评价没有不公正，以及说明他为什么要对我们的行动加以指责，那我们就做出下一个回应
我们都超负荷工作，这是不公平的	如果评价者承认我们超负荷工作且想要帮助我们，但希望从我们对问题应承担的责任开始，那么我们就会回应道……
你不务实，日程表不能更改，上级固执己见	如果评价者说，对上级的评价和归因需要受到检验，否则我们就是在指责上级，对上级太苛刻，就像别人评价我们时一样
你是不务实的。你可以试试证明这一点。我不愿意尝试，我宁愿袖手旁观	

这里涉及的花招具有下述5个特征。

1. 断言我以非支持性的方式行事（按照Ⅰ型模式的观点理解什么是支持）。
2. 断言我本可以采取更有效的行动，但当要求他们举例说明时，他们举不出来。
3. 断言我曾以某种方式行事，而文字记录显示并非如此。
4. 当他们指出的原因似乎无效时，就去寻找种种超出团体控制范围的新原因。
5. 断言问题不可解决。

团体成员一致认为，上述内容不仅体现出许多成员的做法，也体现出许多人事专员在推理或行动受到严重质疑时的做法。尽管他们希望他人予以坦率地批评，但这些专业人员认为，许多人不愿坦率地批评，因为这些人担心这样的批评会引发上述连锁反应，导致自己被孤立。

对组织而言，玩弄花招不是没有代价的。如果所有相关人员都玩弄花招，那么矛盾、回避、盲目都会成为组织文化的构成部分。人们很容易发现和感受到玩弄花招的行为，但难以改变这种状况。就好像是人们经历过病痛，却对治疗病痛无能为力。一位擅长思考的人力资源副总裁称之为“萎靡”。组织萎靡的症状包括以下3点。

1. 寻找并发现组织的缺陷，但不负责纠正。
2. 强调负面因素，但弱化正面因素。
3. 信奉人人都知道无法落实的价值观，但表现得似乎这些价值观可以落实。

指出缺陷但不负责纠正

人们指出组织、他人或系统的缺陷，但不为这些缺陷的形成承担责任，也不负责纠正。例如，某公司刚刚完成了一场大规模的组织诊断活动，建立了一个委员会来理解诊断结果意味着什么。委员会勤奋地工作，以明确他们认为高管运用的某些组织习惯性防卫行为，这些防卫行为不仅降低了高管的工作成效，也让绩效较差的基层人员蒙混过关。

委员会花了几个小时确认应在提交给高管的报告中写些什么。他们认为，淡化分析结果是更妥当的做法，因为高管太脆弱，无法给出建设性回应。不用说，他们从未与高管共同检验这个针对高管的归因，也没有分析有多少人与管理层持有相对的立场，却要求管理层为缺陷承担责任。

强调负面因素，淡化正面因素

个人不仅会看到组织中的缺陷，还会将其夸大。他们夸大缺陷的一个原因是，缺陷看起来越可怕、越严重，他们就越容易为自己的逃避和无力感辩解。在这种情况下，人们往往怀着一种轻松的心情来讨论缺陷，因为找到这些缺陷会让他们确信，逃避和产生无力感是必然的。

有时某些人可能会说，他们厌倦了所有负面情况。在他们看来，自己所在的组织是一家好公司，员工们应该支持它的发展。这种要求往往充满激情，但通常他人对此的反应是沉默或些许同意。然而，这样导致的常见结果是：表达不满也成为负面评价。因此，虽然对这些抱怨不能忽视，却可以不重视。

玩弄花招的这些规则告诉人们，要批评组织，并淡化正面特征；他们的责任是找出组织的缺陷，而不是感到自己有责任纠正缺陷。这些规则鼓励人们逃避大幅改变组织习惯性防卫的尝试，从而变得现实。

信奉无法落实的价值观

在高度人性化的组织中，人们发现自己陷入了一种困境，因为在面对组织习惯性防卫和玩弄花招时，他们信奉的价值观难以落实。例如，在一家具有前瞻性发展观的组织中，首席执行官通常信奉表 4–4 左栏中的价值观，然而他和团队其他人都承认，右栏中的活动持续存在，并未大幅减少。

表 4–4　首席执行官信奉的价值观和实际活动

信奉的价值观	实际活动
卓越	除非高管不断拒绝，否则平庸之辈就会被提拔至高层
员工要积极参与，勇于贡献	当面临棘手问题和艰难决策时，许多员工都不愿为矛盾和平庸绩效这一结果负责
团体间或部门间合作	小团体和部门间存在争斗，这会导致他们相互之间钩心斗角和对抗，以保护各自的地盘和关键人物的自尊

在这一现状下，人们会做出右栏中的行为，但也信奉左栏中的价值观，这相当于把价值观作为一种架空的理论，最终使其变得不可信。人们也会拒绝审查自己玩弄的花招中的防卫性推理，而正是这些推理导致问题的出现。例如，某人可能会说：

1. 我推崇卓越，但平庸同样存在。
2. 我通过玩弄花招来处理这种矛盾，有些花招是有意的，有些是无意的。有意地玩弄花招，就是指责他人、组织文化、宏观文化导致平庸绩效；无意地玩弄花招，就是除了强调卓越外，我很少处理自己和他人对这种差异的逃避行为。

3. 通过强调卓越来逃避造成平庸的原因（其中之一是人们自己玩弄花招），实际上就是提出了一个无法兑现的承诺。追求卓越的承诺不能兑现的原因在于，我自己和他人的花招，这也让我难以认识到自己如何强化了平庸绩效。

4. 因为我没有意识到自己的责任，所以转而指责他人或组织。

结果是，指责组织中的其他人，可能会让这些人觉得受制于人，而且也会造成组织萎靡。组织萎靡引发的矛盾源于其自我保护的矛盾。

结论

所有组织都存在不同程度的熟练的无能、组织习惯性防卫、玩弄花招的行为，以及由此产生的后果，它们形成了一种模式（见图 4–1），即组织防卫模式。这种模式遍及所有人类组织，包括私营组织、公共组织、工会、志愿组织、大学、中小学以及家庭。

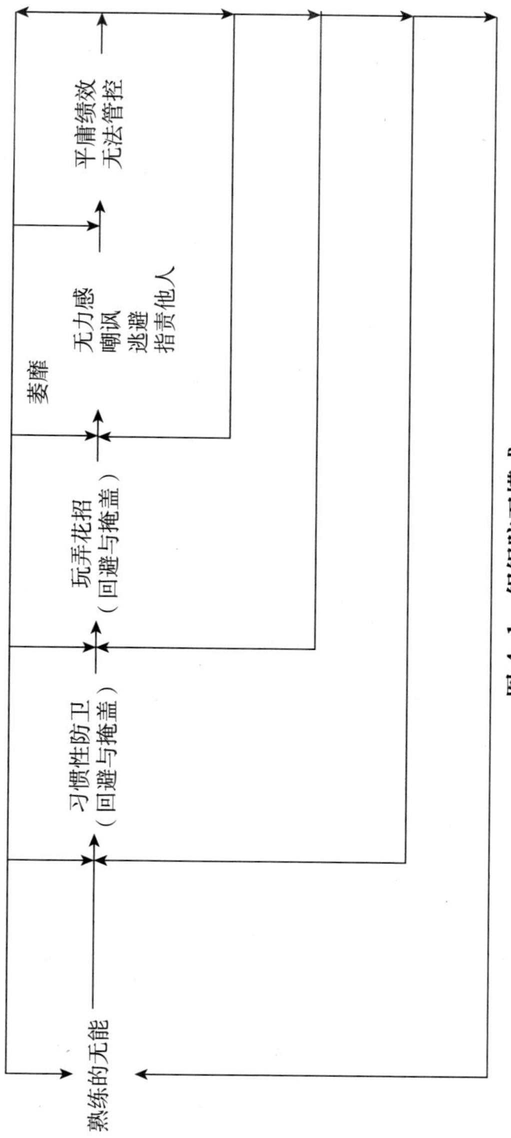

图 4-1　组织防卫模式

组织防卫模式产生的根源，是人们对令人感到尴尬或威胁的问题的应对过程，而不是组织。多数人早年学会的使用理论和遵循的社会道德相结合，造成了熟练的无能，进而导致组织习惯性防卫、玩弄花招的行为和组织萎靡，它们彼此共存，相互强化。因此一旦出现，就会形成组织防卫模式。那么，是什么因素阻止了组织防卫模式引发崩溃？

第一，并非所有偏差都涉及尴尬或威胁，组织中有许多工作都完成得非常好，也有许多目标得以实现。

第二，管理层通过创建合理的组织结构、制定合理的政策，来努力减少造成尴尬或威胁的因素。他们也提出了追求卓越的规划或愿景，在理论上这可以抵消组织习惯性防卫导致的僵化、无力感和嘲讽态度。

第三，试图掩盖组织防卫模式的行动降低了崩溃的可能性。人们尽力避免打开“潘多拉魔盒”，学会了熟练穿越组织的雷区。

第四，随着时间的推移，人们甚至会因冷眼旁观或逃避，而对尴尬或威胁感到麻木。面对组织防卫模式，他们缺乏个人责任感，即使他们承认自己激活了组织防卫模式，也通常会对此麻木不仁，因为他们认为其他人或组织应对此负责。

第五，那些忠诚、全身心投入、责任感强的人，最终会疲惫不堪、精疲力竭。组织防卫模式伤害了高度关心组织健康的人，而那些逃避的人通过组织防卫模式来保护自己。

第六，有些员工确实会离职，尤其是那些因关心组织而精疲力竭的人。例如，他们会跳槽或提前退休，也可能会去建立一个新组织，或者成为顾问。具有讽刺意味的是，这对离开的个人而言只是暂时性解决方案，因为小型组织也会形成组织防卫模式；而对当初的组织而言是损失，因为它失去了最优秀的员工。

第七，组织防卫模式在组织和个人层面都有可能造成组织崩溃。例如，组织可能效率低下，部分原因是组织防卫模式导致的僵化。而个人，也就是许多员工确实会产生职业倦怠感而离开组织，寻求心理帮助，转而从事要求较低的岗位，或者退缩到自我保护的壳中。

我认为，为了将组织崩溃控制在最低限度而采取的建设性行动，如追求卓越的计划，本质上都不如组织防卫模式有力，原因有二。其一，在没有组织的正式支持下，组织防卫模式仍然存在并蓬勃发展。组织防卫模式必须变得强大才能生存。其二，追求卓越的计划旨在回避组织防卫行为，但每次回避都适得其反，强化了其力量。组织防卫模式如此有力，因此应该被回避，而每次回避都会使它得到强化。

要减少导致偏差并使其合法化的组织防卫模式行动，可采取两种基本策略。**第一，从一开始就以避免激活组织防卫模式的方式设计和管理组织。**事实上，这些方式会减少可能令人感到尴尬或威胁的偏差。例如，重新设计工作、建立自治团队，以及一些促进员工参与的其他新理论等。这些新的组织方式假设，在几乎没有上级管理者的情况下，人们充分发挥能力和力量，能够更有成效。

这些新理念立足于人的能力和力量，因为人们有学习的潜力，所以可能学会相应的新技能和新行动。这些变革基于运用人们的潜力，这意味着大规模的再教育和变革项目是可行的，因为新的组织特征可以包装成合法的要求，例如新岗位描述、新管理责任，其中许多责任被分配给了员工。

我们将在第 5 章看到，落实新的管理理论充满了挑战，有时会让某些管理者和员工尴尬或感到威胁。由于他们尚未学会如何减少自己的熟练的无能、组织习惯性防卫和玩弄花招的行为，所以在面临尴尬或威胁时就会将它们激活。

管理者和员工都把这种回应视为对新管理理念的背叛，这种看法是有道理的，旧的管理理论与 I 型使用理论一致，新的管理理论与第 6 章将要论述的 II 型使用理论一致，关键在于，这两种使用理论基于不同的价值观，要求运用不同的技能。

第二，减少组织防卫的另一个策略是，对员工开展培训时运

用新理念和新技能，它们可以弱化组织防卫模式，从而纠正其弊端。这种策略不是回避和掩盖防卫行为，而是纠正并使其变得可讨论、可管理。随着这些新技能的运用，人们开始改变组织习惯性防卫和玩弄花招的行为。这种情况一旦出现，组织就可以引入新的控制理念了，尤其是同预算、管理信息系统、员工奖励机制相关的控制理念。请想象一下，基于信任的预算或财务资源分配流程是可以被制定出来的！

第 5 章介绍了许多组织在工作设计、团体管理方面正在推进的重要变革。当其措施得以正确落实时，这种参与式管理会表现出显著成效。第 5 章首先介绍了这些措施有望发挥作用的深层原因，最后深入探讨了如何“实现变革”，实际上这些措施的成功落实可能会引发令人尴尬和感到威胁的情况，这将要求落实第二种策略。

两种基本策略相互高度依赖，并且可以同时实施。迄今为止的经验表明，如果某个组织从较低层级开始实施第一种策略，那么它应该同时（甚至更早）从较高层级开始实施第二种策略。

OVERCOMING ORGANIZATIONAL DEFENSES

第 5 章

合理建议使问题恶化

如果管理者想减少组织习惯性防卫、玩弄花招和组织萎靡的现象，那么该如何着手？如果他们接受优秀、明智之人的建议会怎样？实际上，如果他们采取这些建议，反而会陷入麻烦。

原因何在？绝大多数建议并未针对问题。多数建议者表现得似乎问题不存在；或者即便承认问题存在，但旨在减少组织习惯性防卫的建议却会导致适得其反的结果；抑或是建议过于抽象，难以付诸行动，但表面上似乎并非如此。

例如，托马斯·霍顿（Thomas Horton，1986）访谈了16名首席执行官，他们都是成功的变革推动者、“影响决策者”，具有非凡的领导品质。詹姆斯·麦格雷戈·伯恩斯（James MacGregor Burns，1978）把这类品质称为变革能力，即变革型领导者所具备的能力。

据我所知，在这些成功的领导者中，许多人默认了组织习惯性防卫、玩弄花招、组织萎靡的现象存在。但关于如何开展行动，他们的建议却不够清楚。这些建议处于较高的推理层次，不具操作性，这是伯恩斯在其著作中所提到的建议的核心特点。在一些领导力类书籍中，有不少都存在同样的局限性。它们聚焦于信奉理论，没有提供了解使用理论所需的数据。例如，供职于康明斯引擎公司（Cummins Engine）的亨利·沙赫特（Henry B. Schacht）提供的案例（见表 5–1）。

表 5–1　沙赫特的建议

言论	未指明的信息
我清楚地知道，对于解决这些问题，我们有优秀的员工、成熟的体制、良好的企业氛围和敏锐的错误识别能力	“优秀员工”的特征是什么？“成熟的体制”和“敏锐的错误识别能力”有什么特征？如何识别它们？
我们秉持着集体责任感和合作意识，非常努力地工作	如何在令人感到尴尬或威胁的情况下产生集体责任感和合作意识？
但这并不意味着集体中没有个人责任感。个人必须把个人责任感与集体结合起来	如何做到使个人责任感与集体责任感相结合，尤其是在面临两难抉择时

强生公司前首席执行官詹姆斯·伯克（James Burke）的建议及其模糊之处如表 5–2 所示。

表 5-2　伯克的建议

言论	未指明的信息
人们自然想告诉我现在的情况，但我乐于引导他们谈谈未来的打算	伯克如何让人们从“自然”谈论现在转移到“不自然”地谈论未来？为什么谈论未来就“不自然”呢？ 人们对伯克的引导有什么回应？会生气吗？会掩饰情绪吗？这对伯克有影响吗？如果有，那么他会如何处理？
我认为争论和辩论并不会伤感情。你会惊讶地发现，一些年轻人很容易就能礼貌地说：“你知道，你错了……你不了解事实……而我了解，这是相关证据。”	当人们谈论他人的习惯性防卫和花招时，如何保持礼貌，不伤感情？ 如何引导人们辩证地看待自己的观点？如果个人意识到辩论会伤害他人，那会对解决所辩论的问题有什么影响？

IBM 前首席执行官弗兰克·卡里（Frank T. Cary）的建议及其模糊之处如表 5–3 所示。

表 5–3　卡里的建议

言论	未指明的信息
我学会了不断发问的方法。当有人准备进行陈述时，我会实时打断他们并发问	卡里如何在不让人紧张的情况下不断发问？如果紧张是自然反应，卡里如何处理这种情绪呢？如果人们选择掩盖情绪，那么他如何识别？如何予以阻止？问什么问题？

续表

言论	未指明的信息
我会问："你的建议是什么？"我会让他们用一种浅显易懂的方式来阐述	卡里如何区分阐述方式是否浅显易懂？又如何让他们以一种浅显易懂的方式阐述？为什么刚开始时高管没有用浅显易懂的方式阐释？他们是否对此无意识？若果真如此，那么原因是什么？
IBM 的所有管理者都积极主动开展工作；这是 IBM 的巨大优势。其关键在于，我们知道如何设定议程……让人们共同开展工作	卡里所说的共同目标是什么？如何设定议程来让人们共同开展工作？如果人们积极主动地把工作做好，那么为什么需要他人来设定议程？人们为什么不按照自己的方式设定议程呢？
当负责管理公司的员工时，他鼓励开展争论。当担任数据处理团队的总经理时，他改变了议程，从而消除争论和分歧	为鼓励争论，卡里说了什么、做了什么？ 为消除争论，卡里说了什么、做了什么？起初他究竟为什么需要这么做呢？

管理大师彼得·德鲁克提供的建议如表 5–4 所示（1973）。

表 5–4 彼得·德鲁克的建议

言论	未指明的信息
应该避免"组织炎症"和"疑心病"	如何识别其他人有没有"组织炎症"和"疑心病"？如果它们正在对组织造成伤害，那么人们如何才能避免呢？人们如何克服落实该建议时的熟练的无意识？

续表

言论	**未指明的信息**
组织变革不应该过度频繁地进行，也不应轻率地开展。……难免会出现一定程度的摩擦、冲突或混乱	界定“频繁”和“轻率”的标准是什么？有多少难免的摩擦、冲突或混乱是可以接受的？什么时候它们会变得不可接受？如何在此前知道是否可以接受？
要么工作，要么开会，但不能同时工作和开会	为什么不可能创建一种工作与会议相结合的问题解决流程？
一个人在特定任务中绩效不佳，这只能证明一件事，那就是管理层在给他安排这项任务是错误的	为什么管理层会在无意识的情况下犯错？管理层会受到指责吗？若这些建议有局限性，那管理层如何才能发现？

总而言之，上述建议都是抽象的，没有告诉读者如何落实。比如，如果人们谈论现在的情况，那就让他们谈谈未来的打算；如果人们的阐述不够清楚，那管理者就让他们用浅显易懂的方式来阐述；如果员工做事缺乏纪律，那就让他们采取更有纪律的做法。

提建议者似乎没有区分无意识偏差和设计性偏差。如果高管没有意识到什么是“浅显易懂”的方式、如何聚焦于未来、怎样有纪律，他们也就不会采取“浅显易懂”的方式进行陈述，不知道要着眼于未来，以及不知道在解决问题时要遵守严格的纪律。如果高管有这些问题，那么其他人可能会想，为什么这些人能成为向首席执行官汇报工作的高管呢？

如果偏差是被设计出来的呢？我认为这种可能性更大。那就需要考虑以下问题，提出建议者并没有告诉读者如何区分设计性偏差和非设计性偏差，也没有告诉读者如何找出高管制造设计性偏差的原因，这些偏差是如何被掩盖起来的，以及文化在多大程度上导致高管的行为出现设计性偏差。

事实上，这些建议都是抽象的，但这不是主要问题。所有建议都会以抽象形式被表达出来，这取决于人们的心智运作方式。关键问题在于，如何将抽象建议与实际行为明确联系起来。例如，关于如何培养个人责任感、如何增强集体责任感、如何引导人们改正错误行为的建议，就都是抽象的。在实际的执行过程中，该如何用合适的语言表达这些建议？该如何精心设计言辞？

如果缺乏恰当的语言来表达建议，接收者对建议就没有切实的理解。同样，建议将很可能符合Ⅰ型模式。如果是这样，那这些建议不仅具有妨碍性，还会让他人认为采用建议的人前后矛盾，并且意识不到这种矛盾。

读者可能会想，基于前面引用的案例来立论是否合理，并认为有些提建议者可能会像我说的那样，但多数人并非如此。我曾经与许多这样的提建议者共事，他们很少举例说明自己的建议，他们精心提出的建议与前面引用的建议非常相似。

事实上，当我请他们举例时，许多人都愿意提供实例。但在多数情况下，当我请他们分析精心设计的对话中的使用理论时，结果表明几乎该理论总是符合 I 型模式。如果不与 I 型模式保持一致，他们提供的建议就会富有成效。正如第 2 章所述，这些高管都感到进退维谷。具有讽刺意味的是，如果读者试图落实他们提供的建议，也会陷入同样的境地，但提建议者意识不到自己的建议对接收者来说多么具有妨碍性。

我之所以认为采用前面引用的案例来立论是合理的，还有一个原因，即像霍顿这样的编辑都是声名卓著的专业人士，都洞悉沟通和销售的准则。因此，他们遵循的是关于如何有效传达建议的流行观点。如果人们使用 I 型使用理论，并且身陷于组织防卫，那可以预料，这些准则很可能会使抽象建议和实际行动脱节。

会强化设计性偏差和组织习惯性防卫的建议

上述建议的还有一个特点，就是强化了组织防卫模式。例如，通用电气公司前首席执行官雷金纳德·琼斯（Reginald Jones）定期向直接下属征求有效的反馈意见，具体做法是指派一名受大家信任的高管主持旨在收集反馈意见的会议，此人会在不违背保密规定的前提下把反馈意见提交给琼斯（Mills，1985）。

采取该策略的前提是，个人和组织习惯性防卫如此强烈，以至于下级无法向上级反馈实际问题，当反馈内容可能包括令人感到尴尬或威胁的信息时尤其如此。在充斥着熟练的无能和习惯性防卫的氛围中，这个前提是合理的。

然而，琼斯从未与下属共同检验这个前提的合理性。他掩盖了自己的归因，并表现得似乎并非如此。下属将其解释为关注企业的人性化问题。我也相信琼斯有此目的，但我也认为，这种策略可能导致当前的问题不了了之，并导致妨碍性推理自圆其说。

美国万通人寿保险公司首席执行官詹姆斯·马丁（James R. Martin）分享了自己努力从基层即时收集负面信息的方法。他成立了一个执行委员会，说服委员们每年召开两次会议，每次开会时间为一到两天。马丁向委员们提议，把这两次会议作为批评他及其工作方式的免责机会。每次会议结束后，某个委员会成员将向马丁汇报会议成果。会议总是以委员会代表的发言开始："当然，这些不一定代表我的观点，而是委员会建议你……"马丁认为这些反馈意见很有价值。（Horton，1986）

同琼斯一样，马丁也创造了一种鼓励坦诚同时回避组织习惯性防卫的氛围，组织习惯性防卫就是有悖于管理者的出发点——言论自由的"壁垒"。

围绕着领导力问题，布鲁斯（Bruce，1986）采访了 14 位曾在大型企业取得辉煌成就的首席执行官，结果发现信任是取得成功的关键要素：

> 我和某人一起工作……他经常向我抱怨某位同事非常糟糕。我很好奇他在那位同事面前会如何评论我。每段人际关系都必须具备坚实的信任基础，只有这样，人们才能共同解决日常工作中的问题。（Bruce，1986）

这名首席执行官不信任此人，但并未告诉过后者，事实上还掩盖了自己的不信任，但每次掩盖行为都会损害信任。因此，这名首席执行官也要对信任的丧失负责，但他从自己的立场出发，认为这样是出于关心和担忧。

> （我的）前任首席执行官通常是平易近人的，但他偶尔会摆架子，那时我就会三缄其口，并通过既定渠道传送信息。一旦如此，你所传达的信息就会被过滤。（Bruce，1986）
>
> 布鲁斯写道："对此，我会在心中默默祈祷。"

这名首席执行官在此描述了他所在的任何场合都有信息扭曲的现象。他推断，这是前任首席执行官的行为导致的。他从未检验这个归因。这名首席执行官认为自己的回应具有妨碍性，并将这个推理掩盖起来，保持沉默。布鲁斯自然而然地对这种沉默产生了共鸣，他写道："我也会在心中默默祈祷。"

首席执行官是领导者，他决定着组织的发展基调和方向。

突然间，你（首席执行官）会发现自己面临这个现实问题……身处这个岗位，没有人能分担你的责任。

我的任务是，通过说服、引导、持续施压让员工高效完成工作。归根结底，为了与所有人共同实现目标，这些都是值得的。

就组织的防卫性基调而言，领导者并不孤单，下属们会与他共同参与。这种基调不仅取决于首席执行官做什么，还取决于下属选择如何回应。多数下属会按照首席执行官的暗示做出回应，因为下属与领导者预设了同样的程序。

领导者感到孤单的原因不是没人追随，而是团队成员不同的行为方式导致他们相互疏远。例如，为了在人事决策上保持客观，首席执行官必须保持一定程度的超然，这种逻辑是一种自我实现的预言。“超然是做到客观的唯一途径”，这一论断对世界本身和自身所处的环境而言或许是正确的，但它也会导致问题自我强化和自我封闭。具有讽刺意味的是，这种超然可能会得到下属的附和。他们的方式不是自行保护超然，因为那是坦诚的，而是会以自认为上级喜欢的方式行事，并表现得好像这不是他们自己的喜好。最终，超然不断升级，导致首席执行官处理客观问题时所获得的信息发生扭曲。

伯克指出，他发现“强生公司总部的官僚主义作风激起了大量争议和愤怒”。然而，总部中没人意识到这一问题。他的解决办法是，至少每三年召开一次会议进行审查。但据我所知，他没有问参会的直接责任人为什么迟迟不发表意见，总部员工为什么对此视而不见?

贝莱萨里奥指出，10 名员工用了 203 天撰写会议记录（Horton，1986）。她深入研究该问题，发现了导致这种低效的原因是各类官僚主义式的习惯性防卫。她提出的解决办法是：要么不做会议记录，要么由一人全权负责。结果，这 10 名员工都同意指定一人撰写记录。然而，贝莱萨里奥从未要求他们分析组织习惯性防卫的原因，正是这些组织习惯性防卫导致他们采取了那些毫无成效的措施。下属的工作毫无成效其实是一种逃避责任的表现。她阻止了这种毫无成效的行动，但并未让下属承担个人责任，因为对变革负责的是她。

关于如何应对预算博弈，安东尼和杨（Anthony and Young，1984）提出了相关建议，且都符合 I 型模式，包含组织习惯性防卫和玩弄花招。

例如，关于应对“各个击破”策略，两人建议“应明确界定责任，但这说起来容易做起来难”。再如，关于应对“混淆视听”策略，两人建议“应该发掘出真相，但难度很大”。

关于应对“对我们的员工来说，条件都不是太好”的策略，两人提出，“通过分析员工的具体诉求，评估收益是否与成本无关，从而尝试把讨论从基于情绪转移到基于逻辑。强调在资源稀缺的世界上，不是每个人都能得到他所要求的一切”。

假设目前使用这种策略的人是相对老练、擅长钩心斗角的高管，这个假设似乎是合理的，因为他们深谙策略的使用之道。我想，这些人会为自己的提议辩护，因为这肯定与成本有关。当听到有人说，在资源稀缺的世界上，不是每个人都能得到他所要求的一切时，他们甚至会觉得受到了侮辱。他们知道确实如此，这正是他们奋力争取资源并使用各种策略的原因。从基于情绪到基于逻辑，这种转变可能会导致更严重的情绪问题。

如果人们给自己的提议贴上有误导性但有吸引力的标签，那就观察委婉辞藻背后的真正意图；如果伪装是有意的，那就拒绝相关的请求；如果可能，就运用特定惩戒措施阻止此类问题再次发生。另一种可能性是要求人们检查自己行动背后的推理，例如，“是什么让你认为必须对我们使用有误导性的标签”，这种推理过程可以揭示特定的习惯性防卫。

在担任美国电话电报公司（AT&T）首席执行官时，弗雷德里克·R. 卡佩尔（Frederick R. Kappel）指出了管理退化的 6 个危险标志。

1. 即使面对新形势，人们还是坚持旧的工作方式。
2. 他们无法确立有意义、有挑战性的新目标。
3. 做出的行动未经深思熟虑。
4. 存在制度化的满足：企业变得只想寻求安全稳定，而不再喜欢冒险。
5. 将“旧”智慧传递给新员工。年长的管理者往往囿于旧观念、旧途径、旧方法。
6. 对批评的容忍度较低，独立思考被扼杀。

这些观点是有道理的。人们会倾向于坚持旧方式，传授“旧”智慧等。实际上，这些行为都是组织防卫模式的可预见后果。然而，卡佩尔没有讨论组织防卫模式，也没有涉及如何克服它。

从组织结构入手提出的建议

实践者可获得的建议的第三个特点，是从组织结构入手提出建议，这类建议回避组织防卫模式或假定这些模式不存在。例如，通过回顾关于如何落实新战略规划的文献，我发现其作者最常提供的建议如下。

1. 界定新的角色与责任。
2. 找到合适人选来执行。

3. 提供充分的财务支持。
4. 构建有效的信息系统。
5. 最高管理层提供支持，并鼓励人们承担风险。

这些建议是有道理的。如果得到正确落实，就会有助于构建合理的组织结构和完备的条件。如果用人得当，毫无疑问工作就会取得进展。如果员工得到了充分的财务支持、有效的信息系统以及最高管理层的支持，他们就很可能取得更大的成功。

当我们界定新的角色与责任时，问题就会出现。我们将在第 6 章介绍到，这不仅仅需要一份经过深思熟虑的岗位描述。在界定自己的新角色时，人们往往有很多源自组织习惯性防卫的顾虑，并试图摆脱这些顾虑。但是，其中大多数都不可讨论，因此人们会使用巧妙的语言来进行岗位描述，而那些职责受到威胁的员工会对此感到不满。

在关于战略实施的研究中，我发现某些案例中的高管采纳了上述所有建议，但结果不如预期。原因在于，合适的人选、岗位、信息、高管的支持都受到了组织习惯性防卫的打击。人们表面上同意实施新战略，但在实施过程中不动声色地进行破坏。他们的行为利用了组织习惯性防卫。

鲍曼和迪尔（Bolman and Deal，1984）也对关于从组织结构入手的建议进行了研究。他们指出，提出这类建议的顾问们认为问题在于隐藏的组织结构缺陷。顾问们试图绘制关于岗位描述、岗位关联性、组织结构的地图，并发现了一些问题：

> 重复。两人或更多人从事同一项工作，且他们往往没有意识到这一点。重复性活动浪费精力，并且经常导致人们在工作范围方面出现纠纷。
>
> 漏洞。重要任务和责任没有得到妥善安排，或者被忽视。
>
> 任务不均。不是工作太多，就是工作太少、不饱和。

在组织结构上针对这些问题的解决方案是减少重复，填补漏洞以及合理分配。我们假设这些建议都得到了妥善落实，并且都奏效了。

但如果我们进一步探究：为什么以往人们拥护重复、接受漏洞，容忍工作分配不均的状况呢？要回答该问题，我们必须深入研究组织防卫模式。若非如此，这些问题可能会在其他时间或组织内的不同部门再次出现，上述解决方案将无法产生持续的效果。

从组织结构入手提出建议却避而不谈具体如何实施，可能是各级管理层和人力资源专员玩弄的花招。因为这样做，前者不必对组织防卫模式承担相关责任；后者可以专注于提供许多课程培训，向员工传递新观念和新理念（所有这些可能都有助于理解存在的问题），但无法解决熟练的无能、组织习惯性防卫以及玩弄花招等问题。长期来看，不解决这些问题，可能会降低新的参与式管理理论的可信度。

管理顾问提供的建议

为实践者提供建议和帮助的另一个重要来源是管理顾问。在过去 20 年中，许多管理顾问曾邀请我帮助他们解决在沟通信息时遇到的问题，这些信息可能会让客户感到尴尬或有威胁。在多数情况下，客户的无能并没有那么严重，许多顾问认为自己有义务告诉客户真相，即使真相会伤害他们。

问题在于，当指出客户对问题的产生负有一定责任时，该如何应对客户的敌意回应。或者，如何应对这类客户所在的组织：掌权者认为直接下属的工作缺乏成效，而直接下属的看法恰恰相反。抑或是，如何应对那些在技术问题而非人际关系问题上愿意接受批评的客户。并且，如何在不失去客户的条件下解决这些问题。

据我观察，顾问在面对以上问题时都采用了回避策略，在少数情况下才会据实以告。他们的行动往往符合 I 型模式，这种行动使客户更易感觉受到攻击而做出防卫的回应，不理会顾问做出的有效诊断。

案例 A：回避习惯性防卫的专业人员

一位极擅长标准化定量分析，并致力于解决个人和组织的习惯性防卫问题的战略专家面临以下难题：某大型企业的高管正在寻求一项新战略，他们要求这位专家向各部门的副总们讲授如何制定和落实更有效的战略。然而，高管们本身就是导致问题产生的一部分原因，但他们并未意识到这一点。

这位战略专家在与高管们讨论时指出，聚焦于企业的战略规划流程必然涉及组织结构、管理与奖励机制、沟通模式以及管理人员的个人技能和行为等。他根据重要性反向排列这些问题，并认为这样更容易让人接受。他认为，采用这样的讨论顺序成效最好。否则，在讨论高管们采用的某种技能和做出的某种行为时就会遇到困难。这不是由于他没有充分的信息，或对自己的分析不够自信，抑或是怀疑自己不能清晰陈述相关情况，而是因为，如果直截了当地展示这些信息和分析结论，会让客户（高管们）感到不满。若客户感到不满，那么他就不知道该如何与他们打交道。如果不能有效地处理这些感受，客户就会有理由感到生气。

这里我想指出，其分析存在两个特点：第一，擅长标准化定量分析的专家可能意识到了高管层存在关键的习惯性防卫；第二，更重要的是，有些文献告诫人们不要过分强调定量分析，并建议与高管层更坦诚地讨论。如果你阅读了这些文献，就能发现，围绕个人面临的难题（即高管层的行为）的大量讨论会损害战略规划过程。管理顾问指出，这是他们最常遇到的问题之一。

回到案例本身，这位顾问设计了一场讨论会，其主要目标如下。

1. 针对当前的战略规划缺乏成效的情况，分析高管层的主要保留意见。这些保留意见包括：相比于实际绩效，规划过于乐观；某些新业务未获得预期的成功；各部门未向高管层提供完整的信息以供他们做出决策。
2. 分析各部门的主要担心的问题。这些问题包括：企业缺乏战略；各部门的任务和职责不明确；企业更注重预算而非战略。

这位顾问首先举办了一场微型讲座，介绍了能够有效进行战略管理的企业的重要特征，并举例说明了这类企业在战略管理上存在的弱点。他用 2 张幻灯片举例说明了上述两点，接下来用 16 张幻灯片对材料进行分析讨论。但是，这可能会使客户的讨论偏离上述两点，以及前 2 张幻灯片中隐含的习惯性防卫。

该顾问还指出了薪酬方案存在的几个缺陷，如没有界定业绩优劣的划分标准，关于绩效的反馈信息不充分或者缺失，奖金与绩效无关等。他进一步指出，这种薪酬方案意味着，企业管理层认为部门管理人员不知道企业的目标是什么，战略和预算目标没有得到应有的重视。部门管理人员对此的反应是不争论、不自找麻烦、维持现状。这位顾问建议，公司必须建立一套奖励实现既定目标的薪酬体系。

接下来，这位顾问开始分析部门管理人员避免讨论争议性话题的原因。他提出了下述几种假设：会议规模可能太大，管理层难以提出尖锐问题；短暂的准备时间导致参会人员只能被动应对；会议流于表面，缺少争论；会议决策落实不到位；执行问题与战略问题混淆。顾问展示完这部分幻灯片后问道："各部门管理人员是没有意识到这些问题，还是认为公司管理层期望'好消息'，或者担心做出不好的预测会遭受指责？"

在审查幻灯片中的材料时，我们看到顾问提出了许多涉及组织习惯性防卫的重要问题。然而，他并没有实时安排管理层讨论这些问题。他没有给管理层时间并鼓励他们围绕这些问题展开讨论，而是紧接着提出关于采取行动的建议。

1. 管理层重新进行预算审查和战略制定。
2. 要求每个业务部门制定详细的未来五年的战略规划。
3. 具体说明管理层是正式接受还是否决采纳这些战略。
4. 召开年度短期战略评估会议。
5. 落实薪酬方案并具体说明其特征点。
6. 确保执行委员会为讨论替代战略做好准备。

上述 6 项建议意味着高管层要开展更多的工作，具体而言，就是在会前提出问题，会后跟进并适时举行小型会议。

请注意以上案例，该顾问提出了涉及习惯性防卫的问题，但并没有展示全部信息，以免让客户不满，也不鼓励管理人员在他提出这些问题时展开讨论。正如前文引用文献的多数作者一样，他的建议也聚焦于组织结构和管理程序。会前提出尖锐的问题、举行小型会议等建议都能够以回避习惯性防卫的方式落实。

这位顾问的矛盾心理非常明显，一方面，他看到了习惯性防卫；另一方面，在提出建议时又回避习惯性防卫。他也从未讨论（该企业和各部门）管理者的技能和行动，而正是这些技能和行动导致了习惯性防卫。

顾问回忆道，他忐忑不安地参加了会议，想聚焦于战略顾问通常不愿意处理的棘手问题。考虑到可能会引发客户的负面反应，他采取了缓和的方式，这也导致他淡化了客户的习惯性防卫，并表现得似乎并非如此。他的淡化措施是不揭示完整的、详细的习惯性防卫信息及其可能造成的后果。

这位顾问的解决办法不仅导致该企业管理层回避了组织防卫问题，而且导致他们无法从错误中学会如何学习。表 5–5 展示了一些示例。

表 5-5　高管层应当学会如何应对

高管层意识到的问题	他们应当学会如何应对
他们太温和	哪些个人和组织因素促使他们以温和的方式思考和行动？
他们应更频繁地召开小型会议	哪些因素妨碍他们自行总结出结论？
他们应构建一套更精细的战略规划体系	他们对战略规划过程中的漏洞和偏差有多了解？是哪些因素妨碍他们提早采取措施以减少漏洞并纠正偏差？
部门管理人员迎合高管	哪些因素促使部门管理人员必须迎合高管？部门管理人员是如何隐藏这种看法的？
战略往往过于乐观	哪些因素导致规划者制定了过于乐观的战略？如果他们知道战略过于乐观，那他们是如何掩盖这一点的？如果他们不加以隐藏，那么对他们的能力来说，这说明了什么？

右栏中的问题可以指导若干重要内容的学习过程。第一，组织需明确最初限制组织学习的因素，以及妨碍高管识别这些因素的原因。第二，这些因素的数量通常有限，但对组织整体运营的影响几乎无限。因此，确定可能妨碍“与战略规划相关的组织学习”的因素后，随之而来的是关于组织习惯性防卫的大量信息，并且这些组织习惯性防卫行为涉及其他重要问题。第三，如果高管们能够消除妨碍学习的因素，那么他们将提高主宰自身命运的可能性。

总而言之，这位顾问感到担忧，因此谨小慎微。客户公司的高管也和他一样。然后，高管们开始回避那些不可讨论的话题，这反过来又让顾问认为他的谨小慎微是正确的。这些证据在一个自我封闭的过程中可能会成为自我实现的预言。

案例 B：尝试应对习惯性防卫的战略专家

比尔是某公司战略部的高级专家。在过去两年中，他研究了公司内部战略专家们的活动，并得出结论认为，战略专家们对以下方面不够重视：与各级管理层充分沟通，从而使他们更投入地落实战略。比尔认为，之所以会出现这种问题，有以下 4 个原因。

1. 过度重视分析问题，没有与客户充分沟通。
2. 我们重视严谨的分析报告，相信这会让我们成为客户心目中的英雄。
3. 我们与客户沟通不足，不清楚分析报告是否存在及何处存在问题。
4. 我们对分析报告及自己的能力非常信心，因而能够迅速回应“对分析有效性的质疑”，并在必要时能够充分地加以证明。

比尔的分析包含三个因果微理论和相应的解决措施（见表 5–6）。

表 5-6 比尔的分析

因果微理论	解决措施
过度重视分析问题，没有与客户充分沟通	减少分析，与客户多沟通
我们希望严谨的分析报告能给客户留下好印象	减少对分析报告的依赖，以及对成为英雄的渴望
在分析报告中，我们对客户的漏洞和问题视而不见	在分析报告中重视客户出现的漏洞和问题

同前文的案例一样，这些诊断和建议处于非常高的推理层次，它们结合在一起掩盖了落实建议时必须填补的漏洞。比尔正在对同事们做的事情，正是他抱怨的同事们对客户做的事情。例如，比尔建议，战略专家们应该与客户多沟通，减少对分析报告的依赖，不要总是渴望靠此成为英雄。

首先，让我们从“与客户多沟通”的建议开始探讨。假设比尔相信，无论什么建议都应该产生积极影响，并且假设战略专家们知道如何落实针对简单、常规问题的建议，那么出现组织习惯性防卫的问题时，该怎么办呢？在这种情况下，战略专家们很可能会习惯性采取回避的做法，导致他们与客户沟通时出现更多困难，而非减少困难。

其次，让我们审视“减少对分析报告的依赖，以及对成为英雄的渴望”的建议。试想，很少有人会故意设计偏差，如果战略专家们利用严谨的分析报告获得客户的信赖，那么，他们要么是对自己的偏差无意识，要么就是意识到了自己在做什么，并且愿意如此，因为他们觉得这样做是有意义的。在什么条件下，这些做法是有意义的？一种可能是，当客户对分析报告不满或不认可时，（我们研究过的）战略专家们会感到自己很脆弱。这种脆弱感可能会让战略专家们不安，以致失去冷静。反过来，不冷静又强化了他们的脆弱感。防止这种恶性循环的个人习惯性回避行为是成为英雄，但成为客户心目中的英雄，同时也会疏远客户。因为人们难以同英雄轻松、平等地相处。

此外，如果战略专家们进行习惯性回避，就必须使自己对所发生的事情无意识。如果他们有意识，就会认识到努力成为英雄是一种防卫的做法，但这是懦弱而非坚强的表现。要变得无意识，一种途径是高度重视严谨的分析报告，并相信这样做符合客户的最大利益。

现在，让我们回到比尔针对这些问题所提出的观点上。在商学院中，教师也是通过成为各自领域的英雄而获得晋升的，学生们被教师灌输的理念是要进行主要的形式化分析。如果战略专家们曾在商学院长期学习，那么就不难理解这些观点。

高级专家们经常分析这些习惯性回避的妨碍性特征，因为他们成为高级专家后，需要负责某个部门的运作，或让自己所在的咨询公司顺利运转。这也是比尔重新审视他所在部门中的一些做法的原因。但困难在于，他的建议不容易落实。

我曾有机会观察许多高级专家，他们在形式化分析和建立有效客户关系方面表现出色。例如，某位高级专家发现，其下属正在做的报告进展不顺利，但高级专家在前一天已经批准了这份报告，于是他打断下属并说道："请允许我打断一下，我想用不同的言辞重复一下（我的同事）汇报的内容，大致可以归结为下述几点：第一，在恶魔和大海之间进退两难（并对此加以解释）。解决这个难题的办法是在……上发力；如果不这么做，那么很可能发生……（下述事情）。"

客户公司的首席执行官顿时眼睛一亮，说道："很好，我就知道你们会这么说，但是……如果那是你们的观点，我有一些疑问。"这位高级专家回应道："请问你的疑问是什么？"请注意，在帮助其客户理解自己的观点时，这位顾问也让自己变得更脆弱。他愿意表现出脆弱并处理随之而来的质疑，因此首席执行官称之为"我那善良的顾问"。

回顾比尔与同事们对他们的分析展开的讨论。多数人给出了积极反馈，如"这是一项可靠的研究""好主意"等。随后比尔的某位同事说，实际上，他们已经意识到了这些问题，并且想知道比尔是否明白这一点。比尔回应道："当然，这份备忘录可能没什么新内容，它的作用是提示我们注意这些问题。"同事们回应道："当然。"

听起来是不是有点熟悉？前述案例中有一位顾问在表达对管理成效的某种质疑时，从客户那里得到了同样的回答。比尔的回应也相同，他没有表达自己的疑虑，以免与同事们疏远。例如，他本可以要求他的同事说明如何处理这些问题，或者可以询问："既然分析正确无误，你们也意识到了这些问题，那么为什么问题依然存在？"比尔的本能反应是回避。他的同事们以及案例A中的管理层也是如此。可能所有人都在工作环境中感觉良好。然而，这些习惯性回避行为正是产生问题的起因。

通过组织调查提出的建议

为了解企业的人性面，最高管理层经常采用另一种重要方法，就是在组织范围内开展调查分析，尤其是在大型企业中，往往采用问卷调查的形式。即使正常进行，多数调查也会回避组织防卫模式。从短期来看，这些问题被隐藏起来了；但从长期来看，它们会越发严重。

组织调查之所以会回避组织防卫模式，一个原因是设计调查的方法都很刻板，通过这些方法收集到关于信奉理论（信念、态度、判断）的信息，但这些信息几乎与使用理论无关。

我们来看看一项关于领导力的调查中总是提及的问题。调查对象被要求根据某位上司在“体贴”“任务导向”“关心他人”“尊重他人”“坚强”等方面的表现进行评价。调查对象评价上司的“行动”问题时，可能会自问，上司关心他人或支持他人的程度如何。这个调查对象可能会采用Ⅰ型使用理论来理解关心他人的意义，因为正如我们所指出的那样，多数人都会遵循Ⅰ型使用理论。

正如我们所见，只要遇到的问题没那么棘手，以这种理论来理解关心他人的意义这一做法就能奏效。如果一个人与他人之间存在严重分歧，那么依据Ⅰ型使用理论，关心他人（如谨小慎微）便会导致其他问题。但我们也发现，其他人不会公开表示异议，因为他们认为，关心他人意味着谨小慎微且不激怒对方。因此，在关心他人方面得分高的上司很可能谨小慎微；得分低的上司很可能更直截了当，但会产生反作用。两类上司的行为都会因不同的原因而导致事与愿违。

调查的设计者可能会认为这种可能性非常小，而且可通过采集足够大的样本来解决这一问题。但我认为，这是常态，而非罕见情况。

另一个根本问题是，从这些关于领导力、下放权力、主动性、风险承担等方面的调查中获得的建议难以落实到行动上。

调查的设计者意识到了这个问题。他们在建议和行动之间架起了一座桥梁，那就是创设“行动小组”。这些小组会得到统计结果，并分析相关结论对相应的部门意味着什么，并在此基础上提出解决方案。这些解决方案被汇总到代表公司的行动小组处，由他们提出最终建议。

行动小组在处理明确的问题时，其行动相对有效。例如，如果员工反映薪酬过低，那么行动小组可以开展一项调查，将该员工所在地区的同类工作的薪酬进行比较，从而采取针对性措施。这一方法也适用于解决退休福利、带薪休假等方面的抱怨问题。

然而，由组织防卫模式导致的问题会越来越多，而在那些旨在理解统计结果的行动小组讨论期间，这种模式会越来越根深蒂固。我经常听到充满含混信息、防卫性推理、无意识，或者前后矛盾的对话，其中的分歧与相互对立的情况比比皆是。

调查的设计者应对这种问题的一种方式是设计出减少对立情况的规则，比如只要行动小组中有成员坚持，那么任何观点都可以向上级汇报。这样的规则导致的结果是，所有建议会被汇报到最高委员会，即代表公司的行动小组。这就导致该委员会经常被各种建议淹没，委员们认为大量建议不明确、模糊、矛盾，有些无法落实，因为采纳这些建议会影响公司中的人际关系或威胁到部分人员的利益。委员会据此制定的行动建议往往也非常模糊、笼统，且回避并掩盖了可能会令人感到尴尬或威胁的行动。

例如，某家大型公司开展的一项调查显示，来自各层级的许多调查对象都对人力资源部门的职责存在误解，于是代表该公司的行动小组提出以下建议。

- 对人力资源部门的职责进行更充分的沟通。
- 进行更清晰完整的人力资源部门职责说明。
- 明确人力资源部门主管所应具备的新技能和新能力，并就此进行培训。

以上建议的逻辑是，公司其他部门对人力资源部门的职责存在误解。因此，通过进行职责说明和加强沟通来消除误解，同时对那些需要进一步提升技能的员工开展培训。

我分析了行动小组就上述建议进行讨论的录音。事实上，许多层级的人员并未误解人力资源部门的职责，他们了解人力资源部门的职责但并不认可，或者质疑人力资源部门履行职责的能力。然而，“坦率地表达”被视为一种造成防卫的方式，因此，他们使用更温和的措辞，以便自己提供的信息能被听取。但正如我们所见，人力资源部门的代表会认真对待收集到的信息，并向高管层提出解决办法。他们提出的建议蕴含着以下逻辑。

- 如果其他员工对人力资源部门的职责不够清楚，那就提供清晰明了的岗位描述。
- 如果其他员工对人力资源部门的工作感到不满，那就向他们提供正确信息，只要他们是理性之人，这些信息就应该会引导他们改变负面看法。

假设员工和管理层最终看到一份新的职责说明，或者参加了关于人力资源部门职责的培训讨论会，但他们认为这并非关键问题所在，那么不难理解，他们会感到挫败，认为新的职责说明太抽象而不愿接受，只能耐着性子参加研讨会。他们的耐心可能源于这一因素：最初是他们提出了人力资源部门的相关问题，从而推动了这类研讨会的开展。

或者，举个例子，如果高管层开展了多次无效的讨论会，且每次时间都很长。难点在于如何向高管层传达负面看法。在召开了几次没有成效的会议后，参会者设立了一个小组，负责把这些负面看法整理成一份报告。该小组后来精心制作了一个让大多数人满意的版本。

在报告中，负面看法被掩饰，并且这种做法也被掩饰起来。例如：

> 高管层反应迅速并积极帮助我们解决问题，这令人满意。

调查结果和讨论议题都体现了员工对公司各级领导的关注，问题集中在管理层的信誉、公司管理水平以及问责方面。

负责汇报信息的小组成员表示，他们向高层领导汇报时会“更具体”地提出建议，包括高层领导下放权力，在决策过程中给予内部专家发言权，构建权力和问责机制，改变领导行为和风格以适应当前趋势等。

如果你是收到上述信息的高层领导，那么请你设想一下这些建议的具体内容是什么呢？你会不会像他们一样认为这些建议没什么新意？你会不会也认为提建议的员工不知道真正的问题所在？

结论

要确保建议可落实或可实施，就必须满足下列条件。

- 包含因果理论。例如，如果你以“某种方式”行动，就会发生下面的事情。
- 在两个层次上举例说明“某种方式”的含义：第一，建议应该包含行动策略，如以鼓励他人探究的方式倡导自己的观点；第二，建议应该附带实际的陈述，也就是要说什么，以及要做什么。

- 包含指导行动策略的价值观。例如，如果你鼓励符合Ⅰ型价值观（要赢、要取得控制权等）的探究，就会被视为律师般的人——为了解某人的动机而不断提问。在第6章，我们将介绍另一种不同的使用理论，基于该理论，采用同样的行动策略是为了得到有效信息、做出明智选择，以及促使大家尽职尽责。如我们所见，这就需要开展另一种不同形式的对话。

前文讨论的建议都不具备这3个条件。这些建议很少包含明确的因果理论。虽然它们常常包含行动策略，但并未说明个人应该说什么或做什么。因此，人们难以明确如何落实这些建议，也难以决定以什么价值观为导向。这种落差非常致命，因为如果你倡导员工克服习惯性防卫，但你却提供回避和掩盖习惯性防卫的建议，那人们就不可能认为你的建议可信。

即便接受建议者没有发现你提供的建议中存在矛盾之处，他们也会（按照Ⅰ型使用理论）掩盖自己的真实反应并表现得非常积极。他们会尽力保全自己和你的颜面，并表现得似乎没有这么做。

在管理咨询领域，关于企业人事管理的建议往往未满足这三个条件，在令人感到尴尬或威胁的情况下尤其如此。此外，根据我开展高管项目的经验，在大学和大型企业中也是如此。简言之，旨在改变熟练的无能、组织习惯性防卫、玩弄花招、组织萎靡的等情况的建议不是不妥当，就是在落实过程中会导致情况恶化。

为什么会这样？原因之一是，人们用于提出建议的推理陷入了人类的思维运作方式面临的困境。请设想一个推理阶梯①（见图 5–1），在阶梯的第 1 级，是相对直观的可观察信息，如实际开展的对话和非语言暗示。

阶梯的第 2 级是持有不同立场或观点的人在交流时对谈话过程传达出的含义的理解。例如，上司和下属在对话时，可能都认为前者是在告诉后者其绩效非常糟糕。

阶梯的第 3 级是人们对第 2 级赋予的含义。例如，上司可能会说，他的行为是坦诚的、直截了当的表现，而下属可能会认为上司的行为是生硬的、冷漠的做法。

阶梯的第 4 级代表个人用来精心设计对话和理解他人行动的行动理论。

① 推理阶梯（ladder of inference），通常是指在无意识的情况下，我们从一个事实到一个决定或行动所经历的思维过程，其中每个思维阶段犹如梯子上的梯级。——译者注

梯级	
4	个人理解第 3 级含义时所使用的行动理论
3	个人对第 2 级赋予的含义
2	在文化背景下所理解的含义
1	相对直观的可观察信息，如对话内容

图 5–1 推理阶梯

这个推理阶梯表明，人们无意识做出的评价或判断是不具体或不明确的。这些评价或判断非常抽象，几乎都是根据推理得出的。但人们认为这些评价或判断是具体的，因为人们是下意识做出这些行动的，人们不会认为这些行动具备高度推理性。多年前，哲学家怀特海①提出的“具体性的误置”概念，就是使用这种推理技能的“副产品”。

推理阶梯可以帮助我们理解本章所述建议包含的组织防卫性推理。首先，这些建议很少包括“实际开展的对话”（更不用说非语言暗示了），接受建议者完全不知道这是经过精心设计的“实际开展的对话”。建议主要在推理阶梯的第 2 级和第 3 级，如“要关心他人”“要鼓励参与”等。我们发现，当人们听到或给出这样的建议时，他们认为这会产生积极的结果，用我们的话来说，

① 怀特海（Alfred North Whitehead），英国哲学家，逻辑分析哲学的创立者之一，“具体性的误置”（misplaced concreteness）是他所著的《科学与现代世界》一书中提出的重要概念。——译者注

就是他们认为结果符合Ⅱ型使用理论和社会道德。

然而，当他们采取的行动几乎全部符合Ⅰ型模式。正如我们所见，Ⅰ型模式下的关心最终会导致漠不关心。建议执行者对自己造成的问题并无意识，却通过指责他人来转嫁不良后果。

我们可以预测提出建议者和接收建议者之间产生误解的一般模式，大致如下。

- 提供建议者支持符合Ⅱ型模式的行动。
- 接收建议者对建议的理解符合Ⅱ型模式。
- 但是，当接收者试图落实建议时，却遵循他们自己的使用理论，在多数情况下是Ⅰ型使用理论，因此使他们陷入困境。
- 接收建议者认为提供建议者应为其糟糕的建议负责，或者指责他人具有防卫性。

关于如何处理棘手的人际问题，应该设置一个警告标签，标签上写明：

> 当你在处理令人感到尴尬或威胁的问题时，你不太可能提出这样的建议。当你正在落实该建议时，你可能对此无意识。或者，即使你意识到了问题所在，你也会倾向于指责其他人而不是自己。

现在是时候提出一种不同的使用理论和社会道德了，如果正确地落实这些使用理论和社会道德，并一以贯之，应该就会减少组织防卫模式。

OVERCOMING ORGANIZATIONAL DEFENSES

第 6 章

减少组织防卫模式

有一家市值达 70 亿美元的分权制公司，其首席执行官发现总公司与分公司之间的关系并不是想象中那么融洽。高管层发现其中存在以下 4 方面的问题。

1. 分权的理念和含义不明确，总公司经常侵犯分公司的权限。
2. 总公司人员缺少履责所需的权力。
3. 总公司人员之间存在职责重叠的现象。
4. 总公司人员认为他们无法与首席执行官充分沟通。

为此，首席执行官成立了一个由直线经理与总公司人员组成的任务小组，该小组提出了以下建议：①重新界定职责以消除混乱；②赋予总公司人员充分的权力，以履行职责；③明确直线经理、总公司人员与首席执行官之间的联系渠道。该小组提前完成了任务，最高管理层对小组拟定的方案进行略微改动后批准执行，这是一个皆大欢喜的结果。

但这是不是一个皆大欢喜的结果，要视情况而定。让我们回顾一下此事。任务小组反思了现有行动的偏差，并提出了纠正偏差的建议。

图 6–1 展示了一个单环学习（single-loop learning）的过程，就像一个恒温器。恒温器可以探测周围温度的高低，并通过打开或关闭暖气予以调节。同理，任务小组可以察觉行动偏差，并予以纠正。

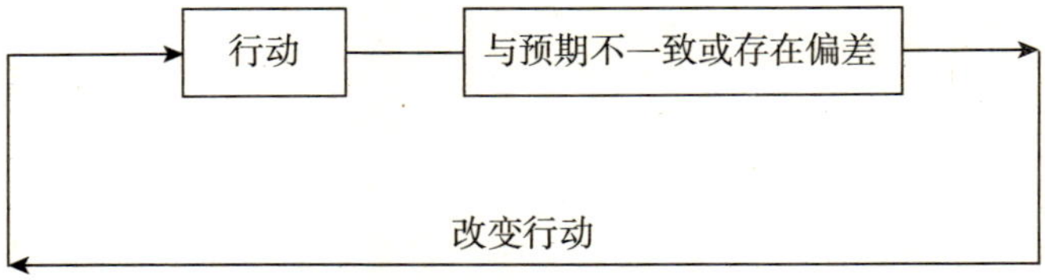

图 6–1　单环学习

单环学习可以解决表面问题，但无法解决根本问题，即当前问题为什么会存在。例如，总公司人员和直线经理都做出了以下行动：①坚持任务小组认为不合理的政策；②采用了任务小组认为会造成混乱的职责分配方案；③在政策与职责分配之间的关系问题上维护不恰当的权力。根据小组的评估，这三种行动都是不恰当的。但问题在于，为什么高管层在数年的时间里坚持、落实并维护这些错误呢？

我曾向高管层询问过该问题。他们先是感到困惑，经过一番斟酌后告诉我以下原因：①直线经理担心总公司人员正在严重侵犯自己的权力；②总公司人员担心自己的专业技能无用武之地，因为这样做意味着直线经理承认自身存在不足；③总公司人员和直线经理为引起首席执行官的重视而钩心斗角。

这些答案彻底改变了问题的性质，使我们从那些与组织防卫模式无关的原因，转向了与该模式密切相关的原因。我们之所以提出这个框架，是因为有人拒绝再将那些行为当作理所当然。

> 人们坚持制造偏差，认为出现这些偏差是理所当然的。
>
> 在特定条件下形成的偏差就是设计性偏差，它们不是源于无知。
>
> 下一步要询问人们，是什么因素导致他们坚持、维护、扩散那些被其评估为偏差的行动。

这一步将展开讨论，从而揭示出许多组织习惯性防卫和玩弄花招的行为。例如，分公司直线经理认为，首席财务官向首席执行官汇报分公司的情况，会削弱直线经理的权力。首席执行官问：“为什么首席财务官不应将他发现的情况告诉我？”直线经理回应道：“应由我们先向你汇报。”首席执行官问：“好，那你们为什么不事先告诉他呢？”“因为从未讨论过这种问题。”“我提出了一个可能没有讨论过的问题。也就是说，你们也需要考虑，我是应该鼓励还是宽恕首席财务官和总公司其他人员充当‘盖世太保’[1]

---

① 此处是指代表总公司监管分公司直线经理的人。——译者注

的这一行为。我认为应该讨论一下这个问题。”这段对话揭示出更多组织习惯性防卫和玩弄花招的行为，以及总公司人员和直线经理回避的问题和掩盖这种回避行为的策略。

接着，我问一名直线经理，如果他对首席财务官直言相告，那么他会说什么。这名经理想了一会儿说：“嗯，我想我会告诉他，我受够了……不，我会克制不当的言辞，我担心他的行为会破坏我与首席执行官的关系。”

这个回答表明了熟练的无意识和熟练的无能。如果直线经理告诉首席财务官，他对后者的破坏行为很反感，那么后者会感到被误解。首席财务官可能认为，直线经理的话毫无事实根据。我接着问其他人会作何回应，他们都说会暂时保留自己的回应，以后再与直线经理讨论此事，因为直线经理显然很生气，他们自己也可能会生气。

让我们审视一下这些回应。直线经理的回应揭示了他一直隐藏和掩盖的事情，即他对首席财务官的行为“受够了”，但这个想法和感受是未经检验的归因和评价。这让人想起第 2 章中高管们在左栏写下的“未说出口的想法和感受”。还要注意，直线经理的回应接受者也回避了他们自认为不友好的评论，并掩盖了这种回避行为。他们的行动也与第 2 章中高管们的行动一致。要求遵循 I 型使用理论的高管们坦诚可能是一个好方法，但这可能会造成麻烦，因为高管们的行动受“只能赢不能输”的价值观支配。

仅仅通过简单地设计新行动，是无法纠正这些偏差的。为了纠正这些偏差，我们首先必须改变主导价值观，这意味着我们要学会一种新的使用理论，这是一个双环学习的过程（见图 6–2）。

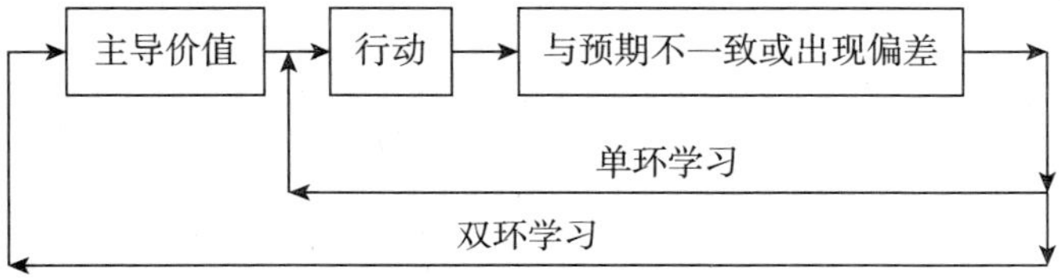

图 6–2　双环学习

在前面的案例中，高管层需要解决两个问题：第一，改变关于总公司与分公司的关系的规则和政策。他们圆满地完成了此事。因为解决了被发现的问题，所以他们认为这是一个皆大欢喜的结局。第二，纠正数年来高管们一致坚持、维护的偏差。是哪些组织习惯性防卫、玩弄花招的行为、组织萎靡导致了这些偏差？

解决这些问题更重要，因为它们造成了职责和政策的无效，并导致问题持续存在，引发回避和掩盖行为。只要这些防卫因素存在，组织就难以成为双环学习型组织。组织充其量可以解决单环学习问题，不过在数月或数年后，这些问题又会改头换面地出现。

简言之，我的新建议是：**培养相关人员进行双环学习的能**

力，引导他们遵循新的使用理论，即Ⅱ型使用理论。

- 营造奖励Ⅱ型行动的组织文化，简化Ⅰ型行动，使之成为无须长期监测就能有效解决的常规、简单问题。
- 设立相关的奖励规则，鼓励人们学习如何减少熟练的无能、组织习惯性防卫、玩弄花招的行为和组织萎靡。

如何实现转型

要使组织具有学习能力（尤其是围绕令人感到尴尬或威胁的问题开展学习的能力），第一步就是找出组织当前对这种问题的处理方式。例如，我们要求相关人员提出一个棘手但因为牵涉大量防卫行为而无法如愿解决的问题。

他们提出了绩效薪酬问题。根据绩效付酬，向来是一项管理政策。然而，该政策很少能够真正落实。当前，大量旨在落实该政策的新计划不断出现。但如果允许我预测，那大多数好的计划成效都将很小，这在很大程度上是由于薪酬专家在技术设计方面的深思熟虑。并且，这点成效可能会在几年内起到反作用，因为大多数绩效薪酬计划回避了当初导致其难以落实的组织习惯性防卫、玩弄花招、组织萎靡等现象。这些计划并不能帮助相关人员

（尤其是高管层）意识到他们是如何助长了自己谴责的防卫行为。

这就引出了第二步。也就是说，一旦解决问题的计划得以确定，第二步就是帮助每个人评估他们能为该计划的创建与实施做出多少贡献。为此，我们让相关人员分别制定了一份他们在处理令人感到尴尬或威胁的绩效薪酬问题时采用的使用理论的示意图。在制定示意图时，应该允许每个相关人员有机会了解自己的熟练的无能。并且，该示意图不需要局限于绩效薪酬问题，也可以表明相关人员激活其他组织防卫因素的方式。

第三步是对相关人员开展新的培训，使其在从信奉理论转变为使用理论的过程中采取Ⅱ型模式下的行动。好消息是，对多数人而言，落实这一步的主要工作是实践，在应对组织日常问题时尤其要加以实践。

然而，如果个人对学习新的使用理论感到尴尬或威胁，那么重新培训就会难以进行。只要他们把学习视为一个有利的机会，效果就会非常好。学习采取Ⅱ型模式下的行动所用的时间和成为中等水平的网球选手所需的时间差不多。迄今为止，与我们合作过的绝大多数高管都能够轻松学会Ⅱ型模式下的这种能力。

第四步是重复学习过程以解决新出现的问题。换言之，人们学会了新的使用理论，就开始将其应用到后续出现的双环问题中。

制定解决绩效薪酬问题的行动地图

我们先来分析一个案例，这个案例与制定绩效薪酬问题的行动地图有关。一开始，管理层认为绩效考核存在以下问题：有太多人得到了“优秀”评价，管理者对绩效不佳的员工的惩罚不够严格。

解决办法是要求薪酬专家制定新的薪酬制度，该制度能够更有效地拉开绩效评级，并要求管理者采取更严格的管理措施。作为单环解决方案，这种方法是有道理的。事实上，薪酬专家确实制定了若干新的技术性策略，从而拉开绩效评级。

由于高管们已经经历了以上学习过程，所以他们明白创新性技术解决方案将会受到组织习惯性防卫、玩弄花招的行为和组织萎靡的限制和损害。他们要求罗伯特·帕特南（Robert Putnam）和多洛雷斯·托马斯（Dolores Thomas）提供一份行动地图以说明原因。

为理清该地图的背景，我们从 1971 年一家公司实施的薪酬政策开始阐述。这项政策以工作量和工作表现为基础，遵循公平和发展两种价值观。所谓公平，是指同工同酬；所谓发展，是指人们应该能够发挥自己的最大潜能。当时，该公司正处于高速发展阶段，有可观的收益，可提供许多晋升机会。

到 1987 年，尽管公司仍然遵循同样的价值观，执行同样的政策，但形势却发生了变化：第一，经济增长放缓，因此员工晋升机会减少；第二，技术变革已经启动，现在生产同以前一样的产品只需更少的员工；第三，工作再设计等组织创新已经开始，员工因此有了更多参与机会，提高了工作效率。

该公司非常开明且有创建，理论上这种组织应该能够顺利完成从早期状况到现在局面的转型。但自 1971 年以来出现的若干问题导致其难以执行新的薪酬计划。

- 即使仅仅是良好或合格的绩效，员工也能够拿到高工资。拿高工资已经成为理所当然的事情或常态。结果，人们的绩效评级几乎没差别。多数人拿到高工资主要是由于资历老。绩效优异的人很少获得额外奖励。
- 员工的注意力从获得绩效转移到保住岗位和争取加班费上，很少有人主动承担新任务，因为这么做并没有相应回报。然而，公司的方针是减少加班、增加工作内容。

这些趋势使公司面临以下 3 个困境。

- 管理者承受着为员工做出“良好”“优秀”评价的压力，以免令员工不满。但由于大多数员工都达到了最高级别的“优异”水平，因此管理者还承受着不能给出更高评价的压力。

- 当看到绩效平平的员工也能得到同样的奖励时，绩效突出的员工会感到不公正，而且感觉同事们可能把自己视为威胁。但如果绩效突出的员工退缩，那么他们就违背了自己的责任标准。
- 当管理者发现排名靠前的员工绩效有所下滑时，就会下意识地认为应降低对这些员工的绩效评价。但降薪并非公司的公认制度，还可能引起员工的不满。

这些趋势及其结果违背了绩效薪酬的规则和价值观。经济低迷加重了这些趋势造成的影响。换言之，在经济低迷时期，管理者通过回避问题并加以掩盖的方式来应对对绩效低下者做出相应评价的问题，这种问题令人尴尬或具有潜在威胁性。经济低迷使这种掩盖的做法不再被人们接受，此时新的组织规范使得坚持当初的价值观变得不公正和不人性化。

基于公正和人性化的绩效薪酬政策是如何变得不公正、不人性化的？不公正的基础是在经济繁荣时期奠定的，在此处，我将原因归咎于各级管理者运用的通用防卫规则。他们用该规则来应对潜在的令人尴尬和感到威胁的问题，即不给绩效平平或不佳的人加薪。

帕特南和托马斯（Putnam & Thomas，1988）把这些通用规则概括为以下 3 点。

- 不要激怒人们。
- 保持冷静。
- 私下处理薪酬不公正的问题。

这些规则是继续回避问题并加以掩盖的秘诀，符合 I 型模式中“关心他人”“支持他人”的概念（不要激怒人们，让每个人都满意等）。因此，对人们认为理所当然的组织习惯性防卫而言，改变绩效薪酬计划会成为一种威胁。

20 世纪 80 年代，那些希望回归公正与人性化的薪酬计划的管理者发现自己陷入了困境：如果他们试图执行新计划，那么可能会被视为不公正和非人性化的；如果他们无视绩效低下的问题，那么就是在掩盖问题及其行为。实际上，这是不负责任的行为。

尽管高管层承认存在回避行为，并且这些回避行为受到组织习惯性防卫的保护，但他们也希望通过建立更合理的绩效薪酬体系来解决这些问题。例如，新的薪酬体系要求主管更严格、更清楚地反映对员工的评价，并通过硬性分配来减少获得优秀评价的人数。令人惊喜的是，薪酬的水平分布和曲线形状成功转变，员工得到了更真实的评价。

然而，这些行动对围绕绩效审查开展的讨论或对绩效本身的影响很小，甚至为零。例如，首席执行官问一群主管：“当你们给予员工的加薪幅度小于结构性增长时，你们会如何向员工解释?”其中一人回应道：“告诉员工其薪酬是根据绩效进行核算的。”首席执行官后来问一群员工：“当你们的加薪幅度低于结构性增长时，你们的直属领导是如何向你们解释?”员工们回应道：“领导告诉我们加薪不在预算内。”

由于主管们非常善于回避和掩盖问题，组织习惯性防卫和玩弄花招的行为又会强化这些行为，所以无论采用什么薪酬计划，回避问题这一行为都始终存在。

帕特南和托马斯告诉高管层，至少有两种可供选择的解决方案。第一，在现有的组织习惯性防卫体系内采取行动。如果他们这么做，就应该明确表示认识到了改革计划会受到组织习惯性防卫和玩弄花招的行为的阻碍。

这样的坦诚是为了避免对新计划带来的改变程度产生错误预期。帕特南和托马斯预测，否则几年后这项计划就会被认为是阻止下一项新计划发挥作用的原因。

第二，消除影响真实的绩效评价的组织习惯性防卫模式。两人建议从高管层着手，因为除非主管或员工看到高管层在身体力行，否则他们不太可能认为应该消除组织习惯性防卫模式。而且，除非高管层鼓励他们这么做，且不仅是在口头上，还采取实际行动来鼓励他们，否则他们不太可能放心地去冒险。

高管层似乎理解第二种选择的逻辑，首席执行官和数位高管支持将其贯彻落实，但他们担心人事专员能否制定并实施再培训和变革计划。

有些高管认为落实第二种选择耗时太久。他们认为，这种困境在数十年间积重难返，不相信用 3～5 年时间能改变导致这种困境的行动、规范与文化。他们想要更高效的解决办法。他们还认为，组织习惯性防卫和玩弄花招的行为无法改变，因为它们基于“人性，无法改变”。

综合来看，这两种观点体现出的都是自我封闭的逻辑和自我实现的过程。如果人性不能改变，如果计划必须立竿见影，那么任何计划都无法改变这种行为模式。也许某个计划能取得表面的成功，但真相会被掩盖，并且掩盖行为也会被掩盖起来。

这个案例可以用一幅图来概括（见图 6–3），这幅图呈现了 4 个要点。第一，设计新绩效计划时存在的主导条件。第二，各级管理者采用的行动策略，也就是掩饰或掩盖真实情况。帕特南和托马斯详细指出了各级管理者使用的不同掩盖策略。第三，行动策略的后果，这些后果按照先后顺序排列，图 6–3 展示了三级后果。第四，反馈过程。这个反馈过程不断强化上述 3 个要点，从而使这个系统自我延续，而且抑制学习过程。

图 6–3 揭示了新的绩效薪酬计划的崩溃过程。图中这个系统

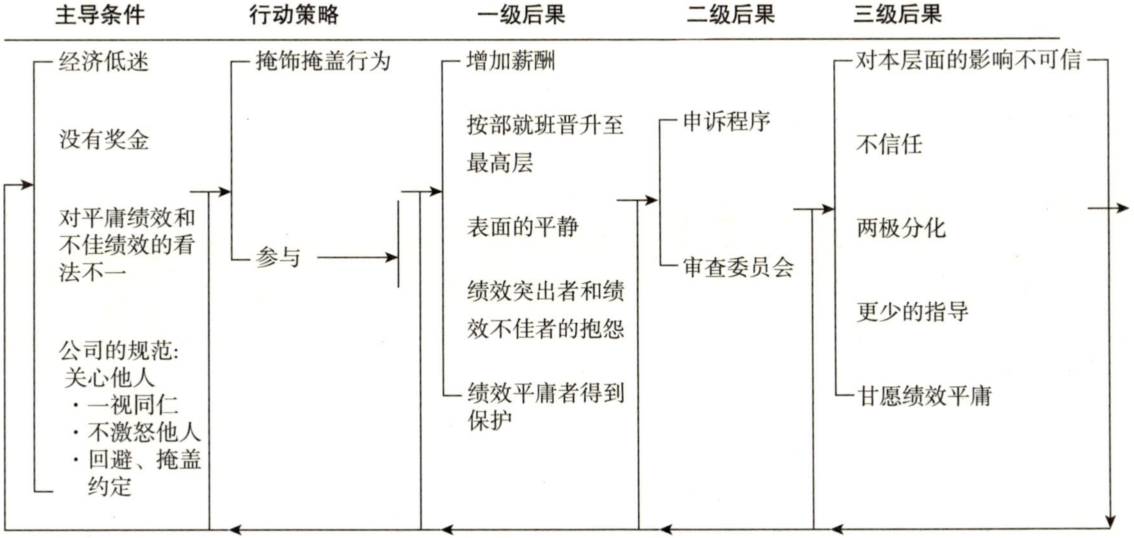

图 6–3 组织行动地图：绩效薪酬

资料来源：帕特南和托马斯（Putnam & Thomas，1988）。

的妨碍性特征不会被纠正，除非改变这种掩盖策略，并消除不信任、两极分化、甘愿保持平庸等因素，而且应该重新审视审查委员会的工作和申诉程序。

要减少掩饰现象，首先就需要帮助管理者认识到其使用理论、熟练的无能的弊端，进而促使他们做出改变。要减少不信任、两极分化和甘愿绩效平庸的因素，就要改变造成这些因素的组织习惯性防卫和玩弄花招的行为。因此，除非首先改变使用理论，否则组织习惯性防卫和玩弄花招的行为都无法有效地改变。如何做到这一点？第一步是帮助相关人员制定行动地图，说明他们如何为实现行动计划做出贡献。

个人行动地图

我们用另一个案例说明个人行动地图的性质，从而阐明其适用范围。下面所有内容都适用于高管制定有关绩效薪酬的行动地图。

请回忆第 2 章的案例，在该案例中，高管层指出了一个重要问题，即他们在制定有效公司战略方面的无能。而且，由于高管之间的沟通方式存在问题，所以他们召开了数次会议都没有成效。

推进变革的第一步是召开一场为期两天的外出静思会，正如第 2 章的描述，会议议程紧紧围绕他们提前撰写的案例。

将案例作为干预工具

利用案例有哪些优势？高管们亲自筛选和撰写的案例会成为展现熟练的无能的生动样本。它们能够生动体现每位高管试图在不激怒他人的情况下，说服他人改变立场所使用的技巧，也可以凸显高管无能的一面。因为根据他们自己的分析，其结果是激怒了他人，而自己的观点不太可能占上风。

这些案例也是非常重要的学习工具。在真实的会议上，任何人都很难放慢自己在瞬间做出的行动，从而对其进行反思并做出改变。这样做的危险在于，其他人将控制可利用的讲话时间。并且，人的心智难以同时关注人际行为和实质问题。

为什么不让一个局外人来充当引导者，使对话变得更有成效呢？我曾担任过一段时间的引导者，但出于种种原因，这不是一个有效的解决办法。

如果某个引导者取得了成功，那是因为他扮演了交警角色，即在必要时重述对话、澄清问题、指出可能会激怒他人的信息等。这是一种短期解决问题的方法，高管学会自己妥善处理此类事务才是长期解决之道。换言之，引导者终究只是在帮助参会者回避习惯性防卫，而不是帮助他们学会纠正此类问题从而摆脱这些行为。

为什么不让高管们坐下来讨论战略问题呢？他们声称已尝试多次，但都没有奏效。

失败的一个原因可能是，人们不太可能在例会上公开“未说出口的想法和感受”。然而如我们所见，人们对审查内容的选择至关重要，因为人们不仅要掩盖正在审查之事，也尽力掩盖这种掩盖行为。具有讽刺意味的是，其他高管能够感受到这一点，但他们也会加以掩盖，并掩盖这种掩盖行为。

我们发现，分析高管们提供的案例会让他们大开眼界，他们会看到Ⅰ型模式下的行动如何引发各种因素，进而导致他们作为一个团体难以取得成效。下一步是重新设计他们的行动。

重新设计行动

在开始重新设计行动时，高管们会转向自己提供的案例，每位高管都选择一个自己希望重新设计的情节，以便不再产生负面后果。高管们会得到若干描述不同行动的信息，作为重新设计行动的辅助手段。高管们首先要认识到，他们必须放慢速度，他们不能在习以为常的情况下瞬间设计一段新对话。这让他们有点烦恼，因为他们没有耐心学习。他们提醒自己，学习新技能确实需要放慢速度。

他们使用的一项技巧是，每个人都设计一段新对话，以帮助相关案例的撰写者。大约 5 分钟后，他们与案例撰写者分享这段新对话。在讨论这些设计的过程中，案例撰写者学到了很多关于如何重新设计自己的言辞的知识。对话设计者也发现了自己的建议中存在的缺陷及其产生原因，进而也学到了很多。

新的对话具有建设性、合作性与互助性。关于对话的典型评论如下：

> 如果你想说服我，那么请试试乔说话的方式。
>
> 我明白你是出于好意，但由于种种原因，你说的那些话让我生气。
>
> 我明白你想说什么，但这对我没用，因为……试试这种说话方式如何？
>
> 我的设计中怎么会有过时的信息！这让我印象深刻，但纠正它们需要时间。

练习非常重要。如同打一场中等水平的网球比赛一样，多数人都需要大量练习。但练习无须一蹴而就，练习可能在实际的业务会议中进行。人们可以在会议中留出一段时间来反思自身的行动并予以纠正。如同网球教练一样，外部引导者可以帮助人们检查并重新设计他们的行动。但相比于优秀的网球教练，引导者更应该是一个团体。引导者只需在出现前所未有的棘手问题或紧迫问题时，提供引导或帮助。

这种变革计划取得了一些成效。高管们开始体会到该如何互相支持和帮助。例如，他们开始明白，自己对他人之所以收缩战线以提高竞争力的归因分析是正确的，同时也开始明白认为有些问题不可讨论、不能触碰是错误的。同事们并不像高管们原先认为的那样顽固或僵化。令高管们惊喜的是，他们发现自己的学习愿望比预想的要强烈得多。

这个发现很重要，因为它意味着对“他人顽固不化”的自我审查和归因可以减少，而这进一步意味着人们可以开始说出一直隐瞒的相关事项。

下一个问题是精心设计新对话，如果人们在左栏中写下的内容充斥着“你愿意见到我才怪”“你就不能不这么狭隘吗”这样的语言，那么这种表达想法的方式可能导致他人进一步采取防卫行动。这些想法都是在 I 型模式下被精心设计出来的，如果将其移到右栏，那么无助于解决问题。

当高管们满怀疑惑地问我：“你真的要我直言不讳吗？这不

会激怒他人吗?”我的回答是，这确实会激怒他人！新的使用理论不建议人们在Ⅰ型模式下进行思考，也没有假设直言不讳是否会有效。

接下来要根据一种不同的使用理论以及不同含义的“帮助、尊重、坚定、诚信、正直”等社会道德来思考这些问题，并精心设计对话。这种新的使用理论和社会道德是什么呢?

新使用理论

新使用理论就是Ⅱ型使用理论，其主导价值观包括以下3点。

- 有效信息。关于某个议题或问题，人类会搜集尽可能多的有效信息。人类有学习的倾向。
- 知情选择。搜寻信息是为了尽可能做出知情的选择或决策，可获得的有效信息越多，做出的决策就越有可能基于最佳有效信息。
- 负责监测决策的落实情况。个人要对自己的决策负责，包括监测决策的设计和落实情况，从而识别并纠正偏差。因此，自我负责要求个人加强学习。此时我们回到了第一个主导价值观。

制定行动策略的目的包括：①倡导自己的观点，鼓励他人进行探究或确认；②最低限度地保留颜面。达到第一个目的的方法是直截了当地表达观点，同时提供相对可观察的直接信息予以说明，如实际开展的对话等。这样做有助于他人明白你得出结论的背景，从而使你明确阐述自己的结论，以便自己或他人进行检查。

第二个目的是尽可能使单方面保留颜面的行动最小化。给他人保留颜面的想法是对其能力的不信任，这种行动应该受到检验，否则就是自以为是的做法。有时候，可靠的检验会让我们认为，他人确实会因为知道真相而受到严重伤害，因此坦诚是不合时宜的。我的意思并非绝不应该采取为他人保留颜面的行动。

再次声明，我并不是说讲出真相就意味着人们应该和盘托出他们审查和隐藏的事项，如果人们隐藏的是未经说明和未经检验的负面评价，如他失败了或他把事情搞砸了，抑或是归因（他在说废话或钩心斗角），那么将其公开就是符合Ⅰ型模式的行动。运用Ⅱ型模式的人则不同，即使他们并不总是公开左栏中的评价与归因，但这些评价与归因都经过了实例证明和检验，因为这样做可以控制对话的时间。

建设性推理

有效的推理与Ⅱ型模式相辅相成。人们会努力使自己的前提条件和推理过程清晰明确，得出的结论可以受到公开检验。由于检验的方式与行动者所使用的逻辑无关，因此检验某个想法的推理过程不是自我指涉[①]的，也就是说，进行检验时的是非判断标准应该与行动者想要得出某种结论的逻辑分离。

在采取行动时，行动者会进行反思，从而明确自己的想法和感受。他们在内心中与自己对话，以便尽可能清楚地了解自己倡导的观点以及可能做出的评价与归因。

行动者会不断检查是否存在被忽视的漏洞或矛盾，并鼓励他人也这么做。行动者还会积极主动、开诚布公地提出不同的观点、评价与归因。

我们的研究表明，这些行动会暂时放缓行动者的对话节奏，因为人们尚不能熟练使用建设性推理来解决令人感到尴尬或威胁的问题。然而，一旦掌握了这些技能，即使掌握得一般，人们说出自己想说的话也只需要相同或更少时间，而个人或团体用来防卫、玩弄花招并表现得似乎并非如此所需的时间会大幅减少。由

① 自我指涉（self-referential），如果一个句子直接或间接提及自身，那么就称之为“自我指涉”，例如说谎者悖论。——译者注

于摩擦和垃圾信息减少，有效对话会进展更快。

Ⅱ型模式不是Ⅰ型模式的对立面。Ⅰ型模式的对立面意味着遵循下述主导价值观：所有人都应控制局势，所有人都只能赢不能输，抑制理性想法，避免表达感受。这些价值观有一定合理性，但问题在于，当不得不完成工作、评价绩效、努力保持卓越时，这些价值观有些不切实际。在这种情况下，并非每个人都能控制局势或只赢不输。此外，人既有必要的理智，也有必要的感情。采用与Ⅰ型模式对立的做法是一种生硬的行动，它可能要求所有相关人员都参与决策。20 世纪 70 年代，曾有许多人撰文，建议在公共组织、学校、社区的管理中采用这些做法。我们从实践结果中得知，这些做法可能会自我限制，在鼓励人们参与应对熟练的无能、组织习惯性防卫和玩弄花招的行为时尤其如此。

采用Ⅱ型模式可以减少误解、偏差、自我实现的预言和自我封闭过程，令人感到尴尬或威胁的门槛会提高。人们可以更有效地坦诚相待，需回避的问题以及对回避行为的掩盖减少。

Ⅱ型社会道德

新使用理论蕴含新的社会道德，表 6–1 比较了两种社会道德，右栏为新社会道德即Ⅱ型社会道德，左栏为Ⅰ型社会道德。

表 6-1 I 型社会道德与 II 型社会道德

I 型社会道德	II 型社会道德
帮助他人与支持他人	
肯定与赞美他人；说些你认为会让他人自我感觉良好的话；向他人表达你的关心，以此减轻他人的受挫感；如果可能的话，赞同他人不恰当的观点	通过这种对待他人的方式来提升他人的能力，即剖析自己的观点，开阔思路，直面未公开的假设、偏见与担忧的能力
尊重他人	
赞同他人；不要反驳他人的推理或行动	认为他人具备较强的自我反思和自我反省能力，而不会感到沮丧以致丧失成效、自我责任感和选择能力。持续公开地检验这种归因
坚定	
倡导自己的观点以取胜；在倡导过程中坚持自己的立场；认为摇摆不定是懦弱的表现	倡导自己的观点，兼顾探究以及自我反思；在鼓励探究的同时感到脆弱恰恰是坚定的表现
诚信	
不对他人说谎；告诉他人自己的所有想法和感受	鼓励自己和他人说出原本心照不宣的话；尽量减少信息失真以及对这种失真进行掩盖的行为
正直	
坚持自己的原则、价值观和信念	以鼓励他人探究的方式倡导自己的原则、价值观和信念，并鼓励他人采取同样的做法

确保变革过程顺利开展的条件

对多数人而言，Ⅱ型模式下的理论不是新的或陌生的理论。多数思想成熟的实践者都支持提供有效信息、做出知情选择、承担个人责任等主导价值观。

幸福、满足、感觉良好不是主导价值观。对于组织习惯性防卫、玩弄花招、组织萎靡为绩效平庸者提供的保护，人们也会感到满足和感觉良好。在Ⅰ型模式到Ⅱ型模式的转变过程中，那些过度保护自己和他人的人不会感到特别高兴。

- 人们可以选择是否学习以及以什么速度学习，他们可以自行选择放慢、加快或终止学习过程。
  变革过程始于人们对重要问题的诊断。他们撰写出自己认为有效的案例，以说明他们希望解决的重要问题。我们会出席并观察他们召开的旨在解决内部复杂问题的会议。只有在人们认可后，我们绘制的组织行动地图才会被作为推进变革的基础。
- 人们将变革过程的每一步都被设计成一个小试验，并且有明确的衡量指标来表明完成得如何，也有明确的结果用以判断成效。
- 还有一项要求是，针对特定问题而制定的解决流程可用于解决其他问题。做个比喻就是，由此及彼修建的道路可以在未来多次使用。因此，人们可以检验学习的范围是有限的还是可以推广的。

- 何时完成学习没有明确的期限。实际上，学习型组织通常会让人们感到内在满足，以至于他们不断扩展学习。尽管学习的想法是无限的，但学习的目的是解决具体问题。为了探究而探究的行为并不可取，探究应与行动相结合。这种结合之所以很重要，是因为它提供了对组织中客观事物进行成败评价的标准。同样重要的是，如果人们在知道必须得到某个结果和不知道某个结果两种情况下，会以不同的方式诊断问题。

简言之，判断学习有成效的标准不仅是人们获得了某种新见解或新观点，而且是他们能够根据见解或设计创造新结果。

我认为，把行动作为学习的一部分，是我们几乎看不到遗忘曲线的原因之一。例如，那些学会如何减少熟练的无能的人似乎不会遗忘这些技能，因为他们一直在应用。但即使他们并未应用这些技能，似乎也不会遗忘它们。就如同打网球一样，许久未打可能会有点生疏，但稍加熟悉和练习后很快就能达到曾经的熟练程度。

在双环学习型组织中的成果

学习Ⅱ型技能的好处之一是，你可以应对Ⅰ型习惯性防卫，而且不会被卷入其中，也不会被激怒。因为你可以做到一定程度的坦诚，所以你可以减少会议次数、缩短会议时间，这也有助于减少起初的习惯性防卫。当然，即使出现这种习惯性防卫，你也知道如何利用它们来帮助人们学习和成长。你与同事的关系，会变得如同我与受我帮助的高管之间的关系一样。学习Ⅱ型技能并明智地运用其价值观有助于减少对习惯性防卫的回避及对回避行为的掩盖。

我们来分析几个对现状进行变革的案例。请回忆一下，组织防卫模式是自我封闭的和反双环学习的，这不是意外和罕见事件。改变这种模式是一个罕见事件。我想聚焦于组织中发生的罕见事件，即个人已经可以熟练开展双环学习。在所有案例中，罕见事件会产出重大成果，而人们当初的预测却是相反的。罕见事件成为组织成员在所有案例中用来说明、扩展、合理推进某些进程的有利依据。

- 一个由高级顾问组成的项目团队审查了他们的绩效，发现结果不如预期，原因是团队成员，尤其是团队中的主要成员采取了自我保护的行动，来处理繁忙的日常工作，以及某些基层人员不愿谈论自己和他人绩效低下的情况。
- 团队成员努力工作，以排除所有可能导致绩效低于预期的原因。他们迅速采取行动，制定了一份应对习惯性防卫的行动地图，具体行动包括：第一，组织一场研讨会，帮助成员提升技能、明确团体规范，从而避免重复出现差错。第二，在办公室中循环传阅这份地图，并要求人们修正和补充。对于前期没有加入该团队的人而言，这是一次重要的受培训经历。第三，将其作为培训计划的一部分，旨在帮助成员学习如何构建有效的团队，从而使不可讨论的团队建设问题首次得以讨论。

- 高级合伙人开会讨论团队中某一高级合伙人绩效低下的问题。他们最终决定将他辞退。通过讨论，他们还就如何辞退此人达成一致。重点是，这位绩效低下的高级合伙人全程参与了讨论。当其他专业人员了解到此事后会认为，高管层确实把卓越作为考核标准。对于该结论，有人欢喜有人愁："如果他们对自己严格，那么也会对我们严格。"
- 在某位企业家创办的公司中，其他几位高级合伙人认为创始人想要掌握以下权力：招聘专业人员、制订薪酬计划、制订所有权计划、确定公司发展方向等。此类问题通常是在私下讨论，但在这家公司，人们可以公开讨论。在过去几年里，创始人召开了 6 次会议说明不想承担所有责任，而其他合伙人用了略微更长的时间才明白自己是如何促成了当前情况的。只要他们认为创始人不愿放权，就会让创始人承担公司所有的关键工作，同时他们固执地认为自己无力改变现状。
- 在某家大型管理咨询公司，解雇某个年轻顾问的程序是，先收集证据，直到上级领导认为证据充分为止。

然后合伙人会与该顾问去某家高档餐厅就餐，把这个负面决定告诉他。与此同时，合伙人会提供非常慷慨的离职补偿，包括帮助此人另谋工作，此事的难度并不大，因为该公司以雇用最优秀的顾问、保持非常严格的技术标准而闻名。其他公司非常愿意雇用从该公司离职的顾问。

根据新管理制度，上级领导会提前很长时间告诉可能要被解雇的顾问相关决定："现在，我们认为你难以胜任这份工作。之所以提前这么长时间告诉你，是因为我们想要与你共同检验这个结论，我们的参考信息可能会存在错误或不充分，但也可能并非如此。我们想与你共同设计一系列你认可的行动，这些行动有可能推翻我们的决定。"

效果非常理想。例如，某个年轻顾问认为合伙人的信息虽然有效，但不完整。他认为，自己曾在另一个办公室任职多年，其上司和经理会给出不同的评价。为此，合伙人鼓励此人安排一场会议，以便能够获得积极评价。上司和经理出席了会议，但二人都不支持这个顾问，并表示对其绩效的评价不像他本人回忆的那样积极。在合伙人的询问下，他们承认以往对该顾问的评价没有那么坦诚，因为他们不想让他难堪，他们一直处于进退两难的困境，不知道怎样告诉他坏消息。他们现在认识到，必须更加坦诚，不能畏首畏尾。接着，合伙人问这个顾问，由于他先前供职的办公室领导没有提供有效的反馈信息，他是否想设计其他的行动进行考察。随后，在这个顾问的要求下，大家坦率地讨论了一番，最后他决定，不在此继续工作，但希望在另谋职业时得到公司的帮助。

该请求立刻得到批准。这个顾问告诉他的朋友，此次会议是公平的，他自愿决定离职，公司的其他员工都对此非常吃惊。

诚然，这样的案例很少，但此处讨论的目的是说明这种方法的潜力。实际上，取得这样的结果需要时间。

然而，并非需要等到人们都熟练掌握Ⅱ型模式后，你才能得到巨大回报。在熟练的专业人员的帮助下，在落实基本策略和实践做法的同时，你就有可能取得更有成效的结果，并提高未来开展双环学习的可能性。

我想用一个界定工作义务与责任的案例来进行说明。在组织建设过程中，一项最基本的任务是让人们清楚自己的责任与义务，落实这一任务的做法通常是撰写一份岗位描述书。

这一做法看似很有道理，但对高级别岗位或专业岗位而言，这是一种单环解决方案，因为岗位描述书难以包含所有工作内容。实际上，如果你做到了这一点，那岗位描述书会极其冗长，并且可能不同岗位之间的工作内容还有重叠。因此，解决这一问题的关键在于界定每个岗位的核心工作，并允许有些岗位在出现问题时协商解决。但要使这个程序有效运行，相关人员必须高度相互信任。普遍而言，缺乏信任是要求更严格的岗位描述的原因。低信任度没有下限，具有讽刺意味的是，通过掩盖来处理信任问题会导致恶性循环。

高信任度没有上限，它会以自身为动力，不断提升。为拥有高信任度，人们必须坦诚地、称职地处理信任问题，但多数人却回避这个问题，充其量像合伙人间的信使那样，协商岗位描述采用的最佳措辞，以便“皆大欢喜”。根据我的经验，这意味着人人都明白如何通过措辞来捍卫自己的立场。

我想以一家小型建筑和房地产开发公司为例。我们来看看这家公司是如何尝试以不同方式解决岗位描述问题的。这家公司以高质量的服务而闻名，现在决定大幅扩张业务，第一步就是更有效地组织安排各项工作。这个需求非常明确：专业人员超负荷工作；有时几个人处理同一项工作；有时又没人处理某一项工作，因为人人都以为其他人在处理。技术人员表示，他们经常收到高层专业人员相互矛盾的指令，每个专业人员都对他们提出要求，而没有或很少关注其他高级专业人员提出的要求。人们超负荷工作、无序，几乎到了管理混乱的地步。在这种情况下，该公司仍能提供优质服务，原因在于每个人都致力于拓展公司业务，为客户提供附加价值。

高级专业人员决定立刻采取下列行动。

1. 界定不同专业岗位的职责，以便人人知道自己该做什么，以及可以对他人有哪些期望。
2. 制定规则、政策，建立结构，这是公司稳定的基础，也是每个人的绩效具有更高预测性和可靠性的基础。
3. 制定更有效的评估程序以评估个人绩效。
4. 营造更坦诚的氛围，以监测新体系和新规则的落实情况，避免其妨碍员工的积极性和创新能力。

这些高级专业人员推断，第一步是建立秩序并减少混乱；维护稳定性并减少动荡；曾强透明性并减少模糊不清的状况。为此，需要重新界定基本规则，如每个人的岗位职责、每个部门的使命、不同团体的关系等。

为完成上述任务，高级专业人员与几名顾问进行了面谈。其中有一名顾问与其他顾问的观点不同。其他顾问都聚焦于当前问题，他们建议：高级专业人员亲自访谈相关人员，观察后者，最终形成一套岗位描述书，从而构建新的组织结构。这些顾问强调，要让相关人员参与进来，以便这些人真正接受最终成果。

观点不同的那名顾问从下述假设出发来分析问题，即多数相关人员比外部顾问更了解岗位职责和组织结构。他认为，多数顾问给出的建议基于与客户的访谈中获得的信息。公司管理层之所以需要外部顾问，是出于下面几个原因：外部顾问比较客观，没有别的企图，不受组织习惯性防卫的束缚，能够提出不受个人偏见羁绊的报告。

该顾问认为，在提供咨询服务的过程中不应忽略这些原因。如果客户想找一名客观的顾问，那么客户一定是对自己的主观性了问题感到棘手。如果客户想找一名没有别的企图的顾问，那么客户一定是遇到过别有用心的人。如果组织习惯性防卫存在，那么就不应回避它。

这名顾问建议，第一阶段是由高级专业人员共同确定岗位职责、新的政策、新的组织结构，并消除讨论过程中所指出的一些组织习惯性防卫。第二阶段是培养技能和创建组织文化，以减少现有的组织习惯性防卫，并防止产生新的组织习惯性防卫。

高级专业人员选择与这名顾问共同解决最急迫的问题，并消除导致或加剧这些问题的习惯性防卫。他们得出结论：如果能够做到后者，同时建立新秩序，长期来看会实现相关方面的改善。他们对第二阶段培养技能很感兴趣，并愿意这样做。然而，起初他们并不清楚执培养技能到底意味着什么。

后续围绕岗位描述和组织结构的讨论揭示了组织习惯性防卫的存在，并证明如果不减少组织习惯性防卫，新的岗位描述和新的组织结构将会面临哪些风险。

例如，关于两位高级合伙人的职责，合伙人 1 提出了相应的建议。高级专业人员团体对这个建议进行审查时，负责项目管理的两名经理公开表达了他们的担忧。

经理 1：我担心，如果两位合伙人都有权干预他们刚刚描述的工作流程，那么会对公司的管理造成损害。

经理 2：没错，他们的行动会导致连续的管理流程短路，这会破坏决策权的平衡。这会导致项目难以管理，这不是没有可能，最终该项目的结果会变得非常糟糕。

对于合伙人的建议可能造成的影响，两名经理做出了负面的预测，但这些预测是否意味着他们认为合伙人如此无能，以致其建议会损害自己正试图改善的管理流程？或者，是否意味着项目经理担心自己被合伙人过度控制？

顾问询提出了上述问题，两名经理断言，是合伙人的建议不正确，且合伙人不能接受这个事实。

反过来，合伙人觉得受到了不公正的指责。他们不认为自己的建议不正确，也不认为自己固执己见。并且，他们的建议背后还有其他支撑原因，但由于担心说出来会激怒经理们，所以选择将原因掩盖。

合伙人 2：你们担心失去对项目进程、盈利能力等的管控。合伙人 1 和我担心……如果我们采纳你们的建议，公司可能无法设计并建造能盈利的高质量建筑——这是我们所珍视的。

我们认为，需要在足够长的时间内控制该流程，从而确保它以正确的方式运行。

合伙人 1：我愿意试试，一开始我们就必须确立规则。我希望经理们不会试图拆我的台，不会试图排挤我。并且，他们也大可放心，我不会试图把项目抢走，也不会瞒着他们采取行动。

经理们开始认识到，合伙人的某些担忧是合理的，合伙人不想失去对公司某些关键业务的控制权，但经理们也担心失去履行职责所需的控制权。

失控或感到失控是公司的关键问题，但并未得到有效解决。实际上，如果这名顾问允许人们在讨论时继续掩盖问题，那么讨论本身就会失控。正如第 2 章提到的高管，他们兜兜转转，列出了一串问题清单，却没有做出决策。

每当高管们努力列出清单却没有做出决策时，他们实际上是正在做决策，只不过是在暗中，其决策是：不让事态失控，相应的解决办法是提出观点并坚持己见。与此同时，他们明白其他人也会这么做。因此，结果只能是列出清单却没有做出决策。如果领导者做出了决策，就会为此（该领导者的安排）负责，而且下属可以抱怨自己没有获得决策权（下属和领导者商定的安排）。

接下来是重新设计角色，这样做可以纠正部分问题，这名顾问致力于帮助经理们学会沟通，以便他们能够更有效地理解彼此。因此，接下来要做的是根据Ⅱ型模式下的推理和行动重新设计对话（见表 6–2）。

这不仅能帮助经理们练习Ⅱ型技能和推理，而且他们通过观察彼此设计的对话和设计过程，也有助于相关人员认识到每个人都致力于学习新技能，以增进彼此间的信任，提高相互学习的能力。

表 6–2　经理们重新设计的对话及其目的

重新设计的对话	重新设计对话的目的
经理 1：合伙人 1，一方面，我不希望妨碍你与他人谈话；另一方面，我想用几个案例来说明我的某些担忧，并希望得到你和他人的回应	对合伙人可能关心的问题表示理解。说出自己的立场，并鼓励他人探究
经理 2：我的担忧涉及你对管理流程的承诺，由于你刚参与该项目，所以可能违背规则、破坏组织结构，对项目造成干扰。我的这些担忧可能会让你觉得不公平，我愿意对此进行讨论	说出自己的担忧，使其变得可以讨论

续表

重新设计的对话	重新设计对话的目的
我不知道如何与两位合伙人对质，以便从违规行为中吸取教训。我最好坦诚相告，但正如你们可以从这场谈话中领会到的，我的本能反应是指出你们的错误以及我们必须如何对你们进行约束	说出自己担忧的原因可能是，你和他们可能无法从违规行为中吸取教训
经理 1：我明白，利用组织结构和规则来保护经理们是有风险的，但我不知道如何在没有组织结构保护的情况下开展工作，我愿意尝试设计所有人都认可的工作模式	表明你理解他人的担忧，陈述你不知道在缺乏组织结构的情况下如何获得工作所需的控制力 表示愿意共同设计新的模式
合伙人 1：对于你们最担忧的几个问题，我们举几个案例，然后进行角色扮演，看看我会说什么，你们会如何回应。我们测试下，在顾问的帮助和我们自己的努力下，我们能否对自己融入群体的能力产生更强的信任感	表示你愿意通过角色扮演来展现你们的担忧，同时要寻求帮助以加强信任并提高融入群体的能力

对于合伙人的行为，两位经理担心自己会失去对项目的控制权。我们听到的对话过程如表 6–3 所示。

表 6-3　合伙人重新设计的对话及其目的

重新设计的对话	重新设计对话的目的
合伙人 1：如果我没有理解错，那你们真正担忧的是，对于有能力减少被拆台的担忧这件事，我在陈述时有多坦诚	表明自己理解他人为什么担忧
为什么不挑一些案例来分析一下？也许我会发现，我并不像自己声称的那样坦诚。或者，我会发现自己犹豫不决等。你们可能也会发现相似的问题	建议探讨若干案例，并承认他人的行为方式可能会证实经理们的某些担忧

实践的结果值得思考。一名经理离开了公司，因为他认识到自己不想成为团队的一员，不想被束缚。他离职时并没有像当初那样认为是合伙人的错。另一名经理最终也离职了，因为他不能在更高级别的岗位上创造出相应的高质量成果。公司采用了更严格的选拔程序，配备了新经理。公司的发展步入正轨，编写了核心岗位描述书，形成了以面对面的方式处理信任问题的重要能力。

结论

减少组织防卫模式的方法是使其无法持续下去，为此，必须打断熟练的无能、组织习惯性防卫、玩弄花招的行为，并确切表

明它们是如何造成妨碍性后果的。

但如果人们实际的思考和组织构建方式遵循Ⅰ型模式，那人们将认识不到应该终止什么，并且无法正确地识别出具有妨碍性的后果。人们可以阅读与本书类似的著作，理解其中的内涵。然而，要想减少防卫，就要先学习Ⅱ型模式并使之成为自己的使用理论的一部分。如果实现了这一点，人们会自动运用建设性推理；自动进行双环学习；自动反思自己原先认为理所当然的事物，尤其是围绕组织防卫模式进行反思。这必然意味着组织习惯性防卫、玩弄花招、组织萎靡等状况都将得到解决。只有减少这些因素，Ⅱ型使用理论和Ⅱ型社会道德标准才可能持续。因此，这些个人因素和组织因素都必须改变，以便在变革过程中尽早阻止Ⅰ型使用理论蔓延。

OVERCOMING ORGANIZATIONAL DEFENSES

第 7 章

构建新的绩效管理理论

在过去的几十年中，一种新的员工管理理论逐步形成，该理论与传统管理理论存在本质的区别。本章将指出，这种新管理理论符合Ⅱ型使用理论和Ⅱ型社会道德，若不引入这些新的理念，新管理理论的最终成效可能就会受到限制。

新管理理论主张抛弃单方面控制、依赖、顺从，注重参与和承诺（Beer and Spector，1985；Hall and Goodale，1986；Lawler，1986；Walton and Lawrence，1985；Tichy，1983）。

沃尔顿（Walton，1985）指出，关于承诺的政策包含 8 个部分，本章将讨论其中 4 个。第 1 部分是岗位设计，其重点是将个人责任扩展至提高系统绩效，强调任务的整体性和思行结合，以团队为基本履责单位，灵活界定职责。

第 2 部分是绩效预期，其重点是界定工作目标，该目标对员工来说具有挑战性，并能够拓展员工的才能和潜力。第 3 部分是扁平的组织结构。在这种结构中，协调和控制更多地基于共同目标、价值观和传统，重点是解决问题和专业知识，并以最低限度的等级制来开展工作。

第 4 部分是薪酬政策，其重点在于维护公平和提高部门绩效，如进行收益和利润分配，并确保这一政策不会强制要求人们依赖和顺从上司。

请注意我们正在构建的框架。我们正在检查组织要求和个人需求之间的匹配或适应程度。个人能承受这些心理要求吗？如果他们同意，答案当然是能。但如果他们确实同意，就意味着他们要承担某些自我限制和自我贬低的后果。并且，对此感受最深的员工，往往是管理层认为超出平均水平的员工。

哪些人性因素使得最优秀的人被要求承担自我限制和自我贬低的后果？关于人类成长的著作阐述了婴儿是如何长大成人的。所有婴儿在出生时几乎没有能力或仅有有限的能力，他们生活在依赖和顺从父母或抚养者的世界里。在多数文化中，婴儿都需要朝着学习掌握多种能力的方向发展，其中一些能力是必须深度发展的。成长为成年人意味着要努力变得相对自主。

此处的关键是，命令式的管理控制方式与专业化分工的发展为营造依赖、顺从他人，以及使用能力非常有限的工作环境提供了条件。为了丰厚的福利和保障，请做个乖孩子。

喜欢婴儿环境的人会发现，这些要求即使令人不满意，也可以忍受。喜欢成人环境的人则认为，这些要求不仅令人不满意，还让人沮丧。前者会相互依偎，后者则有冲突感和紧张感。

对那些想要发展更多元能力的人，那些更积极主动和愿意成长的人，那些愿意努力追求卓越的人而言，传统管理理论对他们的限制尤为突出。

解决这些矛盾的方法因人而异。实际上，它甚至随着每个人的变化而变化，也随着组织倾向于营造什么样的工作环境和采用何种控制方式而变化。这正是新管理理论开始发挥作用之处，其首要要求是研究者具备所谓的“心理成功”前提。

卢因、登博、费斯汀格和西尔斯（Lewin，Dembo，Festinger，and Sears，1944）提出了“心理成功”和“心理失败”概念。他们指出，人们投入任何任务中的心理能量（psychological energy），都受到他们曾经历过的心理成功和心理失败程度的强烈影响，心理成功的经历越多，被激发出的心理能量就越大。实际上，被激发出的心理能量可能会超过生理能量。心理成功和心理失败的环境与成长为人的环境一致，对处于较低层级的员工来说尤其如此，他们更向往类似于婴儿时期的工作环境。

人们已经找到了应对这种矛盾的方法。第 1 种方法是休息，如旷工、请病假。第 2 种方法是工作时心不在焉，如对工作漠不关心、偷懒。第 3 种方法是采取完全符合传统管理理论的行为，如“精明”计算付出和收获，尽可能少付出、多收获。

第 4 种方法是多年来形成的，即只要经济上有保障，人们就会接受依赖和顺从的地位。他们开始认为，若企业不能给予他们保障，那么政府就应该给予。因此，员工希望政府能够营造家长式的政治环境，并将其作为最佳的组织环境。

第 5 种方法是建立或加入工会，以减少对组织的依赖和顺从。不幸的是，就我所描述的各种因果要素而言，在美国，加入工会无异于从一个火坑跳到另一个火坑。人们会发现，加入工会后需要依赖和顺从一个新的统治集团。诚然，有些工会正在进行变革，但据我所知，美国工会主要关心的还是经济利益。他们关于动机的激励理论和行为控制理论不符合传统的管理理论。

我并非贬低工资保障和工作保障的重要性，而是建议工会领导者认识到，越来越多的高管开始重视为员工提供高工资和工作保障。此外，这些有远见的高管还相信，为了实现预期的工作成效，他们应该更注重营造有利于成人发展和促进心理成功的工作环境。只要这两者成功融合，那么传统意义上的工会赖以存在的基础，即管理层不可信的观点，就会动摇。

对出现当前管理理论革命的一种解释是，高管们日益认识到，如果岗位设计重视更符合成人环境和心理成功环境的特征，那么员工就会被激发出巨大的工作动力和主动性。

但是，新管理理论是如何具有自限性的？从理论上讲，如果它落实到位，就不会自我限制。为了落实新管理理论，企业必须进行新的岗位和工作设计，实施新的奖励制度，开发新的培训计划。

如果你读过一些管理著作，你可能就会发现，企业很少关注如何处理熟练的无能、组织习惯性防卫、玩弄花招等问题，但除非这些问题得到妥善处理，否则新管理理论的潜力不能有效释放。

我们必须重视组织防卫模式的原因在于：落实新管理理论可能会增加使管理者和员工感到尴尬或威胁的可能性。例如，管理者可能会发现，员工的主动性难以把控，自己感到尴尬或威胁，自己重拾旧的单方面控制理论。因为我们对新管理理论在每种情况下的落实知之甚少，所以也很可能导致管理层在转型阶段出现上述情况。社会变革也同样如此，也有大量可能会让管理者们感到尴尬或威胁的试验。

例如，坎特（Kanter，1986）预测，新管理模式将会造成新的困境和矛盾。例如，绩效工资将让位于更激进的绩效薪酬政策；利益分配制度将更注重团体绩效而非个人绩效；创新举措将走向极端，如设立新部门；指挥系统和“相互调整系统”之间的关系将会变得紧张。

沃尔顿（Walton，1985）列举了管理者在没有员工参与的情况下做出产量预测的几个案例。这些预测最终被证明是错误的。当被员工质问时，管理者否认自己有任何过错。员工要求总经理对此负责，并认为他固执己见、刻板僵化。外来的变革推动者不认可员工的分析结果，员工也从未检验自己的归因。

劳勒（Lawler，1986）从自己和他人的经历中列举了许多案例，他指出：

> 工作团体提出的许多想法难以落实，原因如下：要求中层管理者和业务支持部门，如工程部门和维护部门，来落实或接受工作程序和方法上的变革，这些程序和方法由他们开发并控制。这不仅意味着中层管理者和业务支持部门要做额外的工作，而且意味着他们以往的工作没有做好。
>
> 在一家公司的一次变革中，质量小组重点提出要为公司购买新型卡车。经过几个月的研究，质量小组提出了一套全面的购买指标。他们承诺，购买更易维修、性能更强的卡车可以为公司节省几十万美元资金。尽管高管层批准了该计划，但采购人员和工程师都强烈反对改变原有的指标。质量小组成员为说服他们改变指标耗费了几个月时间。当修改指标并购买卡车的计划得到落实时，质量小组早已灰心丧气地解散了，成员们认为管理层只是在进行一场虚假的演习，旨在让他们不要抱怨。

遗憾的是，这类案例并不鲜见。

人们在某个经过丰富化设计的岗位上工作一段时间后，可能会以不同的方式评估自己，并对组织产生更多期望。例如，我们经常会发现，在胜任了某个经过丰富化设计的岗位后，人们会提出一个常见的问题："接下来要做什么？"他们会追求新的职业发展、额外的任务、进一步培训，这些都要求组织进行重大变革。

同下属的新关系往往让主管们有危机感，有时新关系会剥夺主管们的自主权和特权。在很大程度上，由于组织把主管的工作任务向下转移，而没有采取任何措施使他们的工作丰富化，所以主管感到自己被架空。最终，主管可能会反对工作丰富化，采取一系列措施阻止下属的工作丰富化，从而保护自己的工作与权力。

无论是否采用新的管理原则，多数新建工厂在启动阶段都会面临越来越大的生产压力。压力源于工厂要按照预定的、通常不务实的生产计划安排工作。事实证明，对大多数采用了新的管理原则的工厂而言，这一时期在其生命周期中尤为重要。在危机时刻，管理者往往会重拾传统的管理方式，他们会跳进来，试图控制局面。

无须多言，这种行为会严重阻碍采用了新管理原则的工厂的起步，这相当于告诉所有人，新的管理原则只适用于一切顺利的情况。并非所有采用了新的管理原则的工厂都能安然度过这个时期，并坚持履行参与式管理的承诺。在一个案例中，起步阶段的许多问题与管理方法无关，如无菌药厂的通风系统装反了等施工错误，却也导致工厂管理者宣布正式放弃参与式管理计划。许多问题源自下述事实：对在必要时以非参与式管理方法做出某些决策，尤其是技术性决策，没有任何准备。

在一项关于远洋船只民主化管理的研究中，施兰克（Schrank，1983）指出，某些员工质疑管理层的真实意图，例如：

公司对整个试验非常重视，如果你有所质疑，就会被认为是不配合。

他们给我们付工资，我们给他们提供劳动服务，别自找麻烦。

在会议上，权威与民主之间存在明显的矛盾，船长主导了会议……

坐在会议桌首席的是很有主见的船长。显然，他是这次会议的领导者和协调人，他控制局势……

奥斯陆工作研究所[①]可以探讨所谓的“民主化”，但从结构上看，一切都是老样子：船长就是船长，轮机长就是轮机长，他们待在各自的岗位上向下传递信息。我怀疑人们之间根本没有真正的意见交流。

我不记得有谁对自己的工作有发言权，声称为了

① 奥斯陆工作研究所（Oslo Work Research Institute），挪威政府开设的一家社会科学研究机构，1964 年成立，旨在“创造有关工作生活的系统知识”。——译者注

> 给船员更多“独立性”而取消船长的工作，简直是天方夜谭。

每当出现这类问题时，往往会令人感到尴尬或威胁，最终导致熟练的无能和组织习惯性防卫被激活，使员工怀疑管理层把承诺和参与式管理作为控制他们的新手段。反过来，管理层也不满员工的不信任和不支持。

员工一方也存在熟练的无能和习惯性防卫，他们可能发现自己受到以下新要求的威胁，如要有主动性、要承担个人责任、要自我监控。例如，我观察到劳勒描述的许多情况，并发现管理者也如他所描述的那样具有防卫性。员工们会采取 I 型方式进行防卫，他们会玩“抓到你了”的游戏，或者可能等到他们认为会失败的事情真的失败了，然后抱怨领导不力。

年轻的专业人员往往以极大的热情支持Ⅱ型理论和新管理理论，但他们的防卫程度最令我惊讶。在我已经研究了 15 年的一个组织中，起初下属，即专业人员的防卫程度最低，因为变革的重点在改变上司的行为和组织的政策上。随着这两者的落实，如果上司要负责管理自己和公司的重要事务，如薪酬政策、权益分配、长期战略等，就会发现自己与下属之间需要有足够的诚信和坚韧的关系，否则上司在进行自我管理和处理与下属的关系问题时就会十分困难。

几年来，下属似乎都在设法忽视双方关系中存在的问题，这并不是说上司完美无缺，从未犯错；实际上，上司确实会犯错，但相比于下属，上级更愿意承认甚至纠正自己的错误。

然而随着时间的推移，下属可能会升职，薪酬和权益分配政策开始生效。越来越多的下属认识到，应该减少自己的习惯性防卫。当他们开始更高效地自我监控时，上司的担忧也开始减少，并且越来越有效率，这反过来又强化了他们之间的积极关系。

这让我想起康宁玻璃公司（Corning Glass Works）的总裁（Vancil，1982）。为了让各部门经理在财务分配上有真正的发言权，他设计了一套具有创新性的参与式管理流程。但这套流程最终不得不取消，因为各部门经理并不如他期望的那样坚持原则，也不擅长相互探究。因此，会议往往无聊又冗长。我想这是因为这位总裁没有认识到，他们必须首先克服组织习惯性防卫和熟练的无能。我想，由于各部门经理表示支持并主动参与，所以总裁可能以为只要有机会，经理们就会欣然接受并积极参与其中。我曾看到几位深思熟虑的高管做出如此尝试，但没人能真正挖掘这种做法应有的潜能。

这些案例揭示了什么？答案并非这些问题不应出现。当管理层推进可能令人感到尴尬或威胁的变革时，这些问题就会随之而来。我们需要明白的是，人们处理这些问题的方式与熟练的无能、组织习惯性防卫和玩弄花招的行为一致。例如以下这些情况：

管理者和员工之间出现意见分歧时，会相互指责，认为对方顽固不化、刻板，从而推卸改变这种情况的责任。

当变革显示相关人员的现有行为存在错误时，他们会开始防卫，并相互保持距离，以免激怒对方。

由于相关人员采用了回避和掩盖策略，所以往往需要耗费数月才能推进变革。

当员工承担更多责任时，直线经理就会感受到威胁，后者往往向下攫取而不是向上要求承担新责任。之所以如此，是因为他们认为这会对上司造成威胁。他们几乎从未检验这个归因，因为他们担心这样做会带来危险。

当出现危机时，管理层会重拾传统管理理论，这可能恰恰是怀疑新管理理论的员工和管理者希望看到的一种保护行为，而那些推崇新管理理论的人可能会感到失望。

限制“参与和承诺”式管理理论取得成功的因素

最后，我们分析一个高管层提供的案例，某世界著名企业的首席执行官认为，各级管理者在削减成本方面已经严重丧失了责任感和主动性，许多管理者都形成了自己的小团体和地盘，他们更关注的是自我利益，而不是对整个组织的贡献。

这位首席执行官和人力资源主管认为，造成这一状况的主要原因是公司管理理念。前任首席执行官始终牢牢控制决策权，甚至对小问题的决策也不放手。结果，各级管理者学会了把决策权向上转移，变得依赖上级，并且疏远集体组织、退回自己的小团体以寻求保护。现任首席执行官和人力资源主管还认为，无论制订什么计划来扭转这种局面，都不应再强化管理者的依赖性，加剧他们疏远组织的趋势，所有管理层都必须参与其中。

首席执行官和人力资源主管决定参加为各级管理者及人事专员举行的研讨会。研讨会的目标是帮助组织贯彻本章开篇介绍的新管理理念。参会者都是“参与和承诺式”管理理论的先行者。

在召开研讨会的过程中，首席执行官和人力资源主管在教员和参会者的帮助下制定了一个项目，旨在改革管理型组织，使其更具参与性。根据项目的理念，他们还确定了实施该项目的计划，具体方式与原先管理层增强主人翁意识的做法一致。

他们召开了一系列研讨会。首席执行官及其下属参加了第一次研讨会。参会者分为若干小组，主要负责诊断妨碍公司取得卓越绩效的因素，然后在全体会议上将这些因素公之于众。令首席执行官感到苦恼的问题显现。然后，参会者返回各自的小组，制定消除这些妨碍因素的策略。他们还确定了各个阶段的目标，从而确定进展，并且确定了完成目标的截止日期。

首席执行官表示，许多管理者都在努力落实他们的想法。尽管进展比他期望的迟缓，但妨碍因素已经开始减少，他对此比较满意。为说明问题，我们假定该项目取得了成功，那么问题来了：这是一种什么样的成功？

我问首席执行官："在很大程度上，下属们在研讨会上提出的都是好想法，这一结论是否合理？"他说，是的。我接着问："下属们在提出想法时并没有遇到什么困难，这是否合理？"他再次说是的意，并对研讨会的参与性结果表示肯定："各小组提出了大量好想法。"

我接着问他："如果管理者确实知道这些想法，那么你在设计时有没有考虑过告诉他们：'首先，我很重视你们所做的这一切和已经取得的进步。为了取得更大的进步，我想要反思一下所发生的事情，看看是否有更多我们可以学习的地方。我或公司做了什么，使你们在知道这些负面因素的存在且知道如何减少它们的情况下，却必须等我牵头召开研讨会来消除这些因素？'"首席执行官回应道，他从未想过这个问题，教员和其他参与者应该也没有想过。

上述问题从未成为工作设计的一部分，但它触及了依赖 / 疏远问题的核心。我问这位首席执行官，如果他询问该问题会发生什么？他回应道，他重视这个问题，但会犹豫要不要问，因为"这个问题可能会让某些人产生防卫心理"。

我同意这一点，这个问题可能会让某些直接下属产生防卫心理。如果这是因为他们将不得不检查自发的依赖 / 疏远行为，那么他们或许不应回避这种防卫感。事实上，依赖 / 疏远状态违背了他们的管理职责，认识到这一点让他们感到尴尬，这可能是他们产生防卫感的原因。若果真如此，那么这种防卫感将是他们参与组织活动而非疏远的信号。

这个问题可能会让下属们感到陷入了困境。若他们有防卫感，那么这种困境是他们自己造成的，而接下来的关键一步就是要对困境进行探索分析。如果他们没有防卫感，并能指出困境是由包括首席执行官的行为在内的组织因素造成的，那么这也是减少依赖 / 疏远现象的重要进展。

换个角度来看，为避免参会者产生防卫感，研讨会的设计并未包含“怎么会这样”的问题，这本身就是一种回避和掩盖的做法，也是疏远组织的行为。具有讽刺意味的是，这样的行动意味着，高管层正在被他们认为会令下属感到不适的担忧所左右。

两种管理模式之间的对立

控制模式的管理和承诺模式的管理会带来不同的结果，前者的结果包括单方面控制，基于职位确定权利，通过各种手段（如自己制造危机）来操纵人们，为采取行动而秘密评估个人绩效。后者强调双方面控制和互惠共存，基于专业知识或能力确定权利，通过内部承诺来激励人们，在得出结论前公开检验绩效评估结果。

要消除两种模式之间的差异，需要使每种模式蕴含的价值观和假设变得可讨论。例如，控制模式鼓励下列价值观：只能赢不能输、追求单方面控制、抑制负面感受、理性行事。然而在转型阶段，这些价值观是不实用的，因为人们可能会对此感到不满。人们对如何高效地实现转型知之甚少，所以不太可能清晰地、理性地制订计划并予以落实。试图遵循只能赢不能输的理念、追求单方面控制的旧价值观来监控新的计划，与承诺模式强调的互惠共存、加强合作的价值观矛盾，以致整个计划的可行性会遭受质疑。

组织发展专业人员会如何处理上述棘手问题呢？他们的应对策略因自身所处的阶段而异，也因不同直线经理的合作程度而异。

与提供支持的直线经理打交道：阶段 1

组织发展专业人员对能提供支持的直线经理通常有 3 种态度：第 1 种是接受并扩展直线经理的支持；第 2 种是起初怀疑直线经理能否合作，却不明说；第 3 种是看看哪些直线经理是“大客户”，与他们并肩作战，共同面对未来的挑战。

换句话说，组织发展专业人员面对“大客户”的反应是：

①表达感激之情；②隐藏怀疑态度，并表现得一切正常；③与“大客户”合作。一旦开始合作，组织发展专业人员就会委婉地询问直线经理，从而了解后者隐藏的负面观点。例如，组织发展专业人员通过经常要求直线经理具体说明在实际的、特定的情况下做出的承诺，以此检验自己的顾虑。直线经理发现这些要求非常有益，他们认为组织发展专业人员正在开展重要工作，但没有认识到自己正在被暗中检验。

与表示怀疑的直线经理打交道：阶段 1

对于表示怀疑和担忧的直线经理，组织发展专业人员如何应对？起初，他们会鼓励直线经理表达出这些感受，但有时会适得其反，因为组织发展专业人员并没有妥善的应对之策。他们往往不愿承认这一点，其回应不是向直线经理保证可以解决问题，就是告诉直线经理自己错了。后一种回应往往紧跟着一个承诺，即只要直线经理加入项目，那么一切都会好起来。

通常情况下，组织发展专业人员会相互讨论直线经理的负面反应，他们常常认为直线经理不理性，并把这种不理性归因为直线经理的个人特性，如利己主义、权力导向、压抑等，这些特性都被视为直线经理的控制模式自然导致的结果。

尽管组织发展专业人员认为直线经理的担忧是可以理解的，这种诊断相当于说担忧是理性的，并非不理性的，但很少有人看到组织发展专业人员与直线经理公开处理这些后者担忧的问题。组织发展专业人员倾向于极力让直线经理不再怀疑并“相信我们”。

如果这种策略没有奏效，那么组织发展专业人员就会要求直线经理提出更好的建议。并且，他们会回避最难缠的客户，因为他们尚未准备好如何对付后者。这种行动的结果是减少了直线经理和组织发展专业人员对怀疑的公开讨论，却增加了对怀疑的掩盖以及对这种掩盖行为的掩盖。

与所有直线经理打交道：阶段 2

阶段 2 要解决的是对直线经理进行再培训的问题。尽管各个组织的再培训项目各不相同，但都有三个基本特点。

第一，介绍和阐述培训项目的缘由（Nora，Rogers，and Stranny，1986；Perry，1984）。培训项目通常采用开办讲座、欣赏影片、看幻灯片、讨论等形式，旨在让参与者熟悉相关内容。例如，某个培训项目的参与者接受了关于下述内容的培训：指导原则（意义、使命、目的），目标与人员、岗位、组织结构、奖励机制、信息流程等因素相互匹配的重要性。

第二，引入代表新观点和新价值观的核心理念，如愿景、目标、所有权、动力。在不同的培训项目中，这些理念的含义略有区别。

这些理念应以行动为中心，但实际上往往与行动脱节。例如，愿景被定义为：为了调动人们的能量，组织对为事业全面成功做出的独特贡献的描述。关于能“调动人们的能量”的愿景，当我要求组织发展专业人员举出实例时，他们无法做到。他们热情满满地谈论愿景，却难以界定其核心特征或属性。

为什么会产生上述困难？原因之一是，组织发展专业人员就如何创建愿景为参与培训者提供的建议造成的。其建议包括：①设想一个理想的目标；②列出让你感到兴奋或失望的活动；③关于工作、岗位、工作环境，确定你想要完成以及能够谈论的事项。管理者和员工对这些建议有多清楚？如何把这些建议整合为一个整体，即成为能调动人们的能量的愿景？组织发展专业人员难以回答这些问题。

某位工厂经理创建的愿景即是理念与行动脱节的典型案例，具体如下：

> 绝不提供劣质产品——产品质量必须100%合格。用更少的人生产与以往同样多的产品。所有员工都要理解我们的业务、竞争对手、目标与绩效。工厂运营……实现库存最小化。无须对原材料进行检查。员工拥有积极的工作态度。营造舒适的工作场所。（Perry，1984）

组织发展专业人员认为这种愿景“棒极了”（Perry，1984，13），然而付诸实践时，它们既无法在控制模式下落实，又无法在承诺模式下落实。实际上，工厂经理虽然很努力，却没有能力创建符合承诺模式的愿景，结果导致这些愿景成为向下级员工施压的单项目标（Perry，1984）。

第三，界定培训项目或者把培训项目与控制模式比较时秉持非此即彼的理念。例如，控制模式通常与男子气概、危机、即时收益有关，而组织发展模式通常与学习、长期导向、最小危机有关。但正如我们将要讨论的那样，许多新项目都由扮演男子汉角色的组织发展专业人员和直线经理来落实的，他们追求短期目标，当遇到困难时，他们会找出害群之马。此外，直线经理对组织发展专业人员的依赖日益增强，这种依赖又导致被动消极和低水平的工作动力。

随着对组织发展专业人员的依赖日益增强，员工开始对变革项目产生抵触情感。一方面，他们认为只要有组织发展专业人员的帮助，项目就会取得进展；另一方面，他们认识到这种依赖不符合承诺模式的要求。因此，员工们开始质疑承诺模式的长期可信度。

反过来，这些反应又强化了员工对组织发展专业人员的依赖。员工指责组织发展专业人员没有向他们提供完整信息，他们要求组织发展专业人员提供必要的具体步骤或路线图（Perry，1984）。

但事实上，组织发展专业人员并没有完整的路线图，他们是在与直线经理的合作中不断明确下一步走向的。组织发展专业人员反复表示虽然没有路线图，但他们会帮助员工制定。可是，员工听不进去，也不相信他们。实际上，某些员工甚至认为自己受到了组织发展专业人员的操纵（Perry，1984）。

如何解释这种反应呢？第一，关于承诺模式的价值观，员工们已经接受了培训，进而可以得出下述结论：如果组织发展专业人员清楚最终结果，那么他们一定有一份路线图。第二，员工们可能会认为，除非有一份路线图，否则管理层不会推进这些有风险的变革，并且管理者的路线图起码要比向员工公开的路线图更全面。第三，员工们对组织发展专业人员的依赖如此强烈，以至于他们对组织发展专业人员声称没有完整路线图的说法充耳不闻。依赖一个没有掌握员工基本背景知识的人，有什么意义呢？

当这些问题被提出时，组织发展专业人员的回答是：采取措施，减少依赖。然而，许多措施仍然符合控制模式。例如，如果员工对融入他们正在设计的新组织感到焦虑，那么组织发展专业人员会建议他们：

> 不要感情用事。不要“为他们”设计。不要退缩。我们希望你的感受能为设计添彩。（Perry，1984）
>
> 当某个员工说“我感到紧张”时，组织发展专业人员回应道：“这是时间问题。前期时间正在缩短。客户

想要看到结果，在头一个月，我们不能给出任何不完美的结果。”（Perry，1984）

这类行动对直线经理产生了重要影响。由于这些行动符合控制模式的要求，所以它们可以减轻直线经理对事态可能失控的担忧。实际上，这回避了直线经理需克服对失控的担忧这一过程，还使直线经理看到组织发展专业人员的控制倾向，而这些专业人员督促他人不要有这种倾向。

对于那些真正希望减少控制导向的直线经理而言，这些结果可能会造成他们不希望会产生的影响。这些直线经理可能明白，他们之所以感到安全，是因为组织发展专业人员处于基层的防卫范围内，这种意识使变革活动或组织发展专业人员解决棘手问题的能力不太可能令人信服。

然而，只要变革活动受到“好评”，直线经理就会合作。好评意味着按时完成生产目标。直线经理学会了在需要时毫不犹豫地聘请组织发展专业人员来处理一些所谓的“辅助工作”。辅助工作大都是日常工作，如确保表格填写完成；或说服员工完成任务，如请组织发展专业人员激励并推动员工提高生产效率。

组织发展专业人员对这些要求感到愤怒和沮丧，基于这种情绪，他们会认为直线经理卑鄙、不负责任、可怕；不正直；缺乏勇气；仍倾向于一蹴而就。他们很少就这些看法与直线经理共同探讨，因此相应的问题不会得到解决。

这些被抑制的感受造成一个意外结果，即组织发展专业人员似乎对直线经理“正当的习惯性防卫”不敏感。所谓正当的习惯性防卫，是指人们从控制模式转向承诺模式时，可能表现出的抵制和防卫行为。因此，直线经理经常感到组织发展专业人员是“反组织”的，并且对管理人员缺乏同理心。

在某些情况下，直线经理会对活动的长期结果感到焦虑。有些人甚至觉得自己上当了，或者认为自己过于轻易地承担了组织发展专业人员的工作。

直线经理抵制情绪的增强，让组织发展专业人员感到困惑，在某些情况下甚至觉得遭到了背叛。直线经理和组织发展专业人员以各自的方式加强自我保护，进而都更加趋向于控制、更疏远彼此、更缺少合作，而且他们对于要达到承诺模式的要求，都降低了期望。

然而，他们会继续合作，因为在生产、库存和质量控制等方面，无须解决上述问题就可以取得巨大进展。之所以能够取得这样的好结果，是因为这些活动为人们提供了机会，使他们可以运用多种能力，有更大的空间可以思考和行动，能够自我监控和控制当前的工作。他们的措施非常有效，可以克服当前的困难。然而，成效只是暂时的，因为他们的压力会越来越大，行动中操控的成分越来越多，彼此之间越发疏远。随着在落实承诺模式过程中的阶段 2 的问题浮现出来，前述问题将无可回避。

组织发展专业人员强化组织习惯性防卫的方式

在一个由控制模式主导的领域中引入承诺模式，必须解决重要的价值观和行为差异问题。控制模式强调短期效益，倾向于解决危机问题，而且是快速见效和暗中进行绩效评估。承诺模式强调长期效益，倾向于在危机爆发前预先解决问题和公开进行绩效评估，由组织系统和团体对成功承担主要责任。

组织发展专业人员在面对持怀疑态度的直线经理时，要求直线经理打消疑虑，转而相信组织发展专业人员。与此同时，组织发展专业人员认为直线经理具有利己主义、权力导向、压抑等特性。前者导致直线经理依赖组织发展专业人员；后者导致直线经理掩盖行为，并对掩盖行为加以掩盖。

组织发展专业人员试图通过设计并落实关于承诺模式的培训来克服这些问题。这些培训的基本推动力是，说服直线经理相信变革是值得的，并抨击控制模式的长期效果。

组织发展专业人员用来说服直线经理的理念在很大程度上

是不可用的。在可用的时候，组织发展专业人员往往形成一种非此即彼的心理，并且这些理念是否有效取决于使用它们的人说它们是否有效。

直线经理最终会发现，当面临困难时，组织发展专业人员会回归控制模式，这种认识使直线经理再次确定组织发展专业人员的行为绝不会失控。因为直线经理在面对危机时仍然信任控制模式。该模式也会导致直线经理推动组织发展专业人员采取行动，让直线经理继续工作。组织发展专业人员把这些行动称为“辅助工作”，并且这些行动能得到直线经理的“好评”。

组织发展专业人员对直线经理越来越不满和失望，但他们把这些感受大都压抑在心里，以免导致直线经理因生气而取消活动或消极怠工。

上述结果都强化了两种模式在价值观和行为上的差异，因此存在一个自我强化的组织防卫循环。

迄今为止，我们研究的组织都曾经历向承诺模式的转型，对于它们取得的进展该如何解释？一个解释与重新设计工作导致的变革有关。这些变革让员工更有机会体验到心理成功与成人环境，这种体验应该带来了现有研究成果中提到的绩效成果。还有一种解释与重新设计更有效的绩效薪酬方案有关。根据重新设计的方案，应该在经济上获得奖励的是绩效良好的员工或部门。只要部门领导遵循承诺模式行事，这种良好绩效应该就能持续。

这些结果中存在一种困境，即只要可以独立运作且不受上级组织的妨碍，团队就能有效发挥作用。然而，承诺模式鼓励各团体相互依赖，促使它们成为一个整体。我认为，要想实现这种目的，组织不得不克服熟练的无能和组织习惯性防卫带来的后果。

我还认为，要使新的活动不被怀疑和威胁的气氛笼罩，就必须消除这些因素。如果管理层同意变革是因为承诺模式可以限制在下级人员中，那么他们就始终存在一种担忧：当新理念遭遇不可预见的困难时，高管层可能会放弃落实它。

结论

开展关于 II 型使用理论和 II 型社会道德的培训，将极大地促进绩效管理新理念的落实过程，并减少熟练的无能、习惯性防卫、玩弄花招的行为，最终减少组织萎靡的现象。

尤其重要的是，开展再培训应该始于高层，然后向下扩展，因为高层可以证明，根据Ⅱ型理论行事是可行的。这并不意味着Ⅰ型理论被完全取代了。Ⅰ型理论是一种值得重视的行动理论，可用于处理常规的、易执行的、程序化的工作，对应的是单环学习过程。毋庸置疑，专业人员也应该接受再培训，使Ⅱ型理论成为其使用理论的一部分。专业人员虽倡导行动要符合Ⅱ型理论，但当自己的观点遭到直线经理的质疑时，绝大多数高级专业人员都会重拾Ⅰ型理论。

幸运的是，正如本章所讲的那样，个人和组织实现双环学习都是可行的。

OVERCOMING ORGANIZATIONAL DEFENSES

第 8 章

实现转型

有很多方法可以帮助个人和组织克服熟练的无能、组织防卫、玩弄花招、组织萎靡等问题。

让学习经历发挥更大作用

关于人们的使用理论，以及人们的使用理论与信奉理论之间的差异，人们对这种差异无意识的原因，第一种方法可以为任何组织中的个人提供重要见解，也让人们明白他们也应对组织中他们谴责的防卫模式承担个人责任。这一方法还为研讨会参与者提供了重要见解，帮助他们了解所在组织中存在的各种组织防卫。

设计该方法很简单，但对没有经验的人而言，采用该方法需要专业人员的帮助。研讨会的每个参与者要提前撰写一个类似于本书第 2 章介绍的案例，并针对每个案例展开讨论，其间还要充当其他案例撰写者的顾问，帮助后者认清自己的解决方案的成效，并着手设计新方法以解决被提到的问题。

每场研讨会都要录音，原因如下：研讨会的重点除了为案例撰写者提供帮助，还有他人应如何提供帮助。通过反思在团体中的行动，人们会对自己的信奉理论与使用理论的差异产生重要见解。要把录音交给案例撰写者，以便他能够随时听取。任何参与者都可以拷贝录音，唯一的规则是禁止该团体以外的人听。

提升与实施

第二种方法类似于第一种方法，不同之处在于所有参与者都来自同一个组织。由于所有参与者都熟悉组织的情况以及案例中提到的问题，所以学习往往更深入。

第二种方法可以让人们更有效地学习和了解关于组织防卫与玩弄花招的行为。例如，八大会计师事务所之一的某位高级合伙人参加了一场研讨会。在研讨会上，他分析了所有案例左栏中的内容，以识别高管层的自我审查模式。他认为，如果高管层进行的是这样的审查，那么出现沟通问题也就不足为奇了。他还指出，事务所耗费数十万美元开展的文化变革回避了所有这些防卫行动。

不同于第一种方法，在第二种方法中，参与者花费了大量时间来设计他们返回组织后准备采取的行动。他们掌握了处理老问题的新方法，还为制定新的评估机制、新的薪酬方案、始于合伙人的新培训项目奠定了基础。

远离办公室解决实际业务问题

第三种方法是召开一场研讨会，旨在解决实际的业务问题。参与者撰写前面提到的案例时，重点可能在于人际问题，这些问题可能导致了实际的业务问题，或者可能妨碍了解决该问题的新观点的落实。

例如，某企业为制定下一年的战略而召集战略业务单元负责人或企业常务董事参加了一场研讨会（Argyris，1990）。接下来我们将讨论研讨会立足的基本理论。

战略是一种控制活动

战略是一种旨在帮助高管管理其负责领域的活动，包括一套如何界定业务和是否取得成功的核心思想，还包括若干分析技术，用于分析外部环境和外部能力，提出可供选择的方案，确定战略选项，开发场景，优化方案。

运用这些思想和技术需要进行建设性推理。例如，建设性推理的前提必须明确，数据必须经过严格筛选，推论和结论必须经过逻辑检验，并且这种逻辑不是自我封闭的。

技术控制理论与人性控制理论之间的对抗

因此，存在两种如何进行控制的理论，当环境具有威胁性时尤其如此。战略中的技术核心思想要求行动者严谨、善于分析，并以非自我封闭的方式检验自己的思想。I 型模式的核心思想是人们应该以防卫性推理来应对威胁。

困境在于，在令人感到尴尬或威胁的情况下，如何保持控制的思想本身就会令人尴尬。应用人性控制理论，就违背了技术控制理论。

正如我们所见，每当这种情形出现时，就会出现更多令人感到尴尬或威胁的问题，进而导致回避与掩盖的行为。这些行为和反应都具有高度熟练性，因此行动者往往对其影响无意识。即使行动者意识到负面影响，他们也会归咎为组织习惯性防卫。他们会辩称，自己进退两难、束手无策。

学习经历旨在消除内在的疑惑和无所适从感。设计学习过程的目的，一是教会参与者制定最佳战略的方法；二是帮助参与者认识到，当他们面对令人感到尴尬或威胁的问题时，实际上是在不知不觉中“搬起石头砸了自己的脚”；三是帮助人们纠正错误，并学会将来如何减少此类错误。

学习过程的设计包含下列 5 个要素。

1. 竞争战略的核心理念。
2. 实践这些理念的相应条件要相对简单。
3. 人性控制理论的核心理念。
4. 激活人性控制理论的条件即使不会破坏战略理念的落实，也必然会导致战略理念的歪曲。
5. 把上述 4 个要素与每个人及其作为团队成员采取的行动联系起来，可以帮助人们意识到自己的人性控制理论，以及其团队和组织中存在的组织习惯性防卫。还可以帮助人们意识到，人性控制理论和组织习惯性防卫会导致有效的战略制定和落实受制于设计性偏差。

第 1 步，收集信息。讲授战略课程的教员访问了各战略业务单元的高管团队。这些团队概述了他们对待解决的战略问题的看法，并整理出了应在研讨会中讨论的要点。在会议召开几周前，这些团队分别给教员发送了一份文件，列出了他们已经完成的工作，以及在为期 5 天的会议期间能够完成的工作。

与此同时，每名团队成员都要撰写一份简要案例，说明自己在战略实施过程中面对的重要人际问题，并在会前 3 周发送给教员。

第 2 步，讲解战略控制与人类性控制理论。授课第一天，教员主要讲解相关理论的关键思想，因为这些思想与案例表明的问题相关。前 3 小时的会议内容围绕战略展开，接下来 3 小时的会议内容主要与组织习惯性防卫有关，具体包括它们如何导致学习低效，以及反过来，低效的学习如何引发人们对有漏洞和矛盾的战略展开探讨，这些漏洞和矛盾未被认识到，或即使被认识到也是不可讨论的。

第 3 步，制定和落实战略，并反思这两个过程。让每个团队进入一个独立的小房间，以便着手制定和设计战略及其实施工作。如果出现习惯性防卫，就可以探究其原因。

个人或组织的习惯性防卫造成的影响，比预期中更快地得到了验证。例如，A 组首先由总经理陈述当前已明确的战略推动力、有待解决的问题、有待讨论的落实情况等。总经理陈述完后，进一步征求大家的意见。

高管："我们是否应该遵循你在组织习惯性防卫方面的观点？"

总经理："当然；你应该记得，在全体会议的最后，我曾经强调过这很重要，我想组织习惯性防卫问题可谓是我的死对头。"

高管："没错，很高兴得到你这样的回应，我只是想确认你是否依然持有这种态度。"

总经理："当然如此。"

这名高管随后表示，秉持把不可讨论的问题变得可讨论的精神，他想对已确定的战略方向表示质疑。随着讨论的推进，他的意见也逐渐清晰，他想要求做出一项重大变革。

总经理非常生气，问道："到底怎么回事？我认为在战略大方向上我们已经达成一致。"

引导者此时介入进来，询问高管，当他听到总经理的回应时有什么感受和想法。高管说，总经理的反应证实了他的担忧，总经理希望人们坦诚——但只是在一定程度上。"我想，我提出这个问题可能就是一个错误。"

总经理表示抱歉，并表示他意识到自己违背了全体会议上所倡导的原则。他继续说道："要知道，听进去这些话很不容易。"高管说："没错，其实说出来也不容易。"

接着，总经理鼓励其他人发言，一些人赞同这名高管的看法。引导者问："会议期间发生了什么，以至于人们选择隐瞒这些信息？"人们坦诚地做出回应，介绍了若干涉及下述问题的组织习惯性防卫：当某人认为上司是错误的，但上司在情感上忠于自己的立场时，该如何与上司相处？例如："我明白你想落实这项战略，你为它花费了巨大的心血。该战略很合理，因此我们不易反驳。鉴于你的坚定立场以及我的观点没有他人支持，我认为继续下去是有道理的。但我必须说，直到现在我才认识到其他人也有和我同样的疑惑。”

通过反思这样的事情，我们发现团队描述的正是他们自己的习惯性防卫，这种行为导致某些成员隐瞒了自己对战略的技术思想，并妨碍了他们检验关于判断可讨论问题的归因。

总经理失望和困惑的自动反应是个人习惯性防卫的一个案例，他的反应不符合他声称支持的立场，并且是自动的、熟练的。随着讨论的深入，几位团队成员也意识到了自身的个体性保护反应，即回避或远离可能令人感到尴尬或威胁的对话。

第 4 步，审查案例讨论过程。同步开展的议程还有讨论参会者撰写的案例。总而言之，参会者开始意识到个人的人性控制理论，尤其是在大力倡导学习的前提下，该理论如何使他们成为糟糕的学习者。他们也意识到，自己对预期结果与实际结果之间的差异有多么不了解（见表 8–1）。

表 8–1　预期结果与实际结果之间的差异

参与者认为的	参与者的行动
1. 坦诚、直率、一针见血非常重要	1. 他们的坦诚和直率表现为劝导他人不要重蹈覆辙，但他们没有意识到这样做导致他人望而却步

续表

参与者认为的	参与者的行动
2. 要纠正错误，首先需要识别错误	2. 他们往往意识不到自己正在造成人际问题，并且在不知不觉中向他人表现出了自己的无意识
3. 必须检验这些观点的有效性，当这些观点存在争议时尤其如此	3. 检验的方法是片面的、自私的

认识到项目团队和功能团队中存在的问题，这本身就是对团队的解放，因为多数参与者本以为这些问题不可讨论。找出什么因素使其不可讨论，以及什么因素使不可讨论的状态也变得不可讨论，这导致人们公开主观性的判断：当话题可能会令人感到尴尬或威胁时，团队和组织中的哪些行为是可接受的。正是对不可讨论内容的讨论，才可能打破先前被视为不可打破的循环。此外，这种讨论有望使人找到摆脱自我封闭的方法。

最后，人们开始学习如何精心设计彼此的对话，以使其符合新规范，并互相监控彼此是否违反了新规范。

围绕解决战略相关的业务问题，所有学习成果都会派上用场。每当有人怀疑“这一切是否真的有必要”时，就会根据下述问题寻求答案：“若我们不变革，那么如何把现在尚未理解、模糊不清的业务信息转变为可理解、清晰明确的对象呢?”

综上，一旦新规范确立，减少个人的人性控制理论和组织习惯性防卫行为的持续学习过程步入正轨，学习成效就可以在团体内任何商业主体间发挥作用。

第 5 步，持续不断地学习。随着时间的推移，技术问题和行为问题的界限开始变得模糊。例如，在若干团队中，成员们在战略上的根本立场发生了重大变化，他们从应对组织习惯性防卫行为的过程中获得了足够丰富的经验，因此开始在战略团队中面对以前被掩盖的问题。

当谈论以前被掩盖的问题时，他们揭示了重要的技术信息，从而改变了制定战略的时间投入计划。到会议第三天，行为与战略整合已经大大超出了两位教员的应对能力，从午餐到晚餐直到深夜，他们的日程都满满当当。

第 6 步，落实战略。团队成员回到各自的工作岗位，开始落实战略。

第 7 步，跟进。这些团队需再参加为期三天的补充会议，有几个团队还增加了新成员。教员设计了一堂关于战略和人类行为的小型速成课。这堂课没有取得预期成效，因为没有顾及团队新成员，他们不像先加入的同事那样进行过深入的学习。教员决定下次课为新成员安排适当的时间。但公平地讲，新成员能够更快地学习，因为他们所处的团队已经掌握了即时学习的技能和允许在行动中反思的规范。

我想指出这些讨论的两个特征。第一，成员们讨论了一年前团队中不可讨论的问题。例如销售主管会犹豫是否在团队中公开讨论他们对待解决的问题有多茫然。他们也会犹豫是否应承认，解决问题的挫折导致他们改变了原计划的技术战略。

第二，对更深层问题的讨论。例如，在教员的帮助下，首席执行官和其他几人坦陈，他们之所以不愿面对销售主管对战略问题的考虑，是由于认为他对这些变革感到担忧。他们不希望基于这种揣测而改变战略。此外，尤其是因为首席执行官和其他几位团队成员认为销售主管没有意识到自己的担忧，所以他们对讨论这些问题更是不安。

销售主管对此非常吃惊，却坚持说自己并非感到担忧。事实上，他并非担忧自己，而是担扰新战略对组织的影响。鉴于从会上了解到的情况，这位销售主管问他的团队成员，自己说了或做了什么使他们认为自己担忧。他们给他举出了具体案例，这可以帮助他思考如何精心设计谈话，以便更准确地表达自己对组织的理解。

在办公室解决实际业务问题

最近有大量关于愿景的讨论。在开展此次学习试验的大型企业中，员工（尤其是人力资源专业人员）存在许多不满，他们批评首席执行官没有提出清晰的企业愿景，因此他们没法据此规划自己的工作。

新上任的人力资源副总裁曾是一名直线经理，他对这些抱怨持怀疑态度。他非常了解首席执行官，并赞同应用首席执行官先前拟定的一份文件，他的部门完全可以据此制定战略。他也认为员工的许多抱怨在一定程度上可能是自我防卫。他想了解是否确实如此，是不是自己错了。

人力资源副总裁首先询问了人力资源部门个人和团体的工作成效，得到的绝大多数回应都是消极的。实际上，许多人感到赋权不够，认为首席执行官要承担责任，因为他没有为人力资源工作提供有效的、适用的愿景；认为直线管理层也要承担责任，因为他们使人力资源专业人员的权利被剥夺。

人力资源副总裁认为，许多人力资源专业人员的权利确实被剥夺了。但是，根据他作为直线经理的经验，他认为这样做是合理的，因为那些专业人员不是非常称职，并且非常熟练地使自己走到这一步。当他提出该想法并加以检验时，许多人力资源专业人员认为该行动具有敌意且咄咄逼人。但是，人力资

源副总裁开展了一系列行动来验证其干预措施。我认为这些行动是非常重要的

第一阶段

邀请 50 名受人尊敬的人力资源专业人员代表参加一场全天研讨会，人力资源副总裁在研讨会开始时表示，首席执行官已经了解相关情况，并希望采取建设性行动。人力资源副总裁建议首席执行官制定出人力资源工作的愿景，并请这群人力资源专业人员代表也这样做，然后两相对照，首席执行官将开会讨论这两类愿景。首席执行官同意了人力资源副总裁的提议。

这 50 名参与者用一天时间确定了一个愿景和一份使命宣言，并提交给首席执行官。参与者被分为若干小组，各小组定时开会以分享并强化成员的观点。一天结束时，办公室墙上已经贴满纸条，一个愿景和一份使命宣言由此形成。人力资源副总裁要求参与者把现有的愿景和使命宣言同他们最初提出的成果对照。经过长时间讨论，参与者不得不承认，他们提出的宣言与他们批评的宣言一样抽象、模糊和不适用。在夹杂着不满和沮丧的气氛中，研讨会结束了，许多参与者表示，他们想要看看首席执行官提出的宣言。

第一阶段的策略可以概括为以下 5 点。

1. 承认参与者对组织问题的判断。
2. 要求参与者提出几种解决问题的替代方案。
3. 利用这次实践使参与者意识到，他们也达不到自己对首席执行官和高级直线管理层提出的要求，这引出了一个问题：如何意识到自己的无能？
4. 帮助参与者认识到，他们的诊断存在漏洞、矛盾和自我限制。
5. 由此可进行假设：参与者做出的诊断植根于组织习惯性防卫，这也表明他们玩弄花招。

几周后，这些参与者看到了首席执行官提出的宣言，前者聚集在一起进行分析和讨论，相关要点可概括为以下 9 点。

- 变革是一种生活方式，而不是目的。
- 践行相互支持、共同参与、个人责任等基本价值观的承诺。
- 追求卓越。
- 接受并理解工作实务和待遇方面存在差异。
- 高于平均水平的绩效匹配高于平均水平的薪酬。
- 根据人们的动机进行领导。
- 掌握相关知识的人拥有决策权。
- 招聘高于平均水平的员工。
- 提供高质量的培训经历和个人发展机会。

对首席执行官提出的观点，参与者的总体反应是负面批评和怀疑。他们认可这份清单的大部分内容，但批评其过于抽象。有人指出，他们在上次会议上列出的清单同样抽象，但没人理这个人。接着，有人开始对其他参与者吹毛求疵，却并不检讨自己。例如，他们怀疑直线经理能否容忍分歧，是否真正想让他们参与，是否会对个人行动承担责任。他们还批评这份清单没有包含“首席执行官认为必须变革的事项”。总体态度是“通知我”。

人力资源副总裁建议他们邀请首席执行官参会，以便当面进行讨论。人力资源副总裁表示，他很乐意提前向首席执行官介绍参与者的反应，以便后者能够为讨论做好准备。大家都沉默了，似乎不再有声势。人力资源副总裁询问该如何理解这种沉默？然后是更久的沉默。

接着，部分参与者开始发言，先发言的两个人表示，他们赞同邀请首席执行官参会的提议；第三个发言人表示不赞成将他们的意见告诉首席执行官，因为其中多数意见是负面的，许多人同意他的观点，有几个人明确说：“我也这么认为。”接着又是一阵沉默。一名参与者随后表示，首席执行官可能会把他们的反应理解为诬陷。有人随后表示同意，接着又是沉默。

在此期间，我介入了两次进行要点提示。

为什么你们会以下述方式来界定对这份清单的诊

断：如果向首席执行官展示诊断结果，你们认为他会感到自己受到诬陷。让我们来检查一下你们做出诊断的推理。你们可以与其他人一起讨论。你们如果这样做，可能会找到直线经理对你们产生负面感受的部分原因。

如果你们认为，首席执行官可能把你们的反应视为诬陷，那么与首席执行官当面讨论时，你们将如何应对？如果你们不能应对首席执行官的这种反应，那不是在首席执行官面前让自己难堪吗？

接着是更多的沉默，然后一名参与者说："我不同意你的观点。我们进行评论是出于诚实。如上所述，没人想过与首席执行官讨论这些观点。"

有人回应道："不是这样的。我们中有些人，包括我，都认为首席执行官应该知道我们的反应。"

此时我介入：

没错，有两名参与者建议向首席执行官描述你们的反应，也有许多人想要对你们的反应清单进行加工，使其看起来更积极，有这种想法的人非常多，并且还在增加。

正如你们中部分人说的那样，你们还没有愚蠢到要公开说出自己的想法。我想问的是，你们将推理得出的诊断结果直接与首席执行官分享为什么会是愚蠢的呢?

（稍后）

如果你们对反应清单进行加工，使其看起来更积极正面，那么当首席执行官质疑你们时，你们能够隐瞒这些受到审查的想法和感受吗?

接着我问道:“你们认为首席执行官能预测到这份反应清单的负面作用吗?”多数参与者，包括那些想要进行加工的人，持肯定的态度。

“那我们隐瞒什么呢？此外，如果真的对反应清单进行加工，我们会认可加工后的结果吗？如果不认可，我们是否必须对这种行为加以掩盖，并表现得似乎并非如此。如果是这样，难道我们就不是在为怀疑和削弱权力创造条件吗？这不就是我们先前认为具有妨碍性的问题吗？此外，我们加工过的反应清单不会比原先的清单更抽象吗?”

有三名参与者对这些问题的答案是肯定的，并表示他们感觉进退维谷。第四名参与者表示同意，并指出这种情况在人力资源专业人员中很常见。“我们临阵退缩了，我们要求相互坦诚、信任，但我们自己却做不到。”其他几名参与者给出了下述判断:

如果我们是正确的，那首席执行官会认为我们的反应清单是负面的。

如果我们给他一份经过加工的清单，而不是那份负面清单，并且表现得似乎没有加工清单，那么，难道他不会怀疑清单的真实性吗?

此外，他难道不会从我们的掩盖行为中得到蛛丝马迹，并掩盖对我们的看法吗?

更多参与者开始明白，他们的立场自相矛盾。然而，大约有10名参与者认为，这种猜测是小题大做。

所有参与者最后建议人力资源副总裁及其高层管理人员同首席执行官当面讨论这份清单，然后将结果反馈回来。

请注意事情的发展过程。人力资源专业人员被要求提出一个使命宣言，但未取得预期的成果。然后他们受邀评估首席执行官提出的清单，并对这份清单反应不一，有人认为“太抽象”，也有人认为“他真的是这个意思吗”。有前一种反应的人列出的清单同样抽象；而有后一种反应的人，也不过是再现了把过错归咎于他人的情况。如果这份清单不可信，又何必如此大费周章呢。

人力资源副总裁提议邀请首席执行官参加一次会议。然而，虽然部分参与者表示同意，但最后还是放弃了，他们建议人力资源高层管理人员与首席执行官面谈。请注意这个花招。即便有机会检验自己的判断，这些参与者也会把任务委派给其他人，并以团体的名义为幌子。

第二阶段

第二阶段的策略包括下列 5 个步骤。

1. 关于首席执行官对人力资源职能的看法和观念，承认参与者的诊断。
2. 让参与者比较自己的清单与首席执行官的清单。
3. 创造条件，让参与者能够公开反馈对首席执行官的清单的意见。旨在帮助团体所有成员看到观点的差异、不同观点遵循的逻辑以及他们在应对这些问题时的习惯性防卫和玩弄花招行为。
4. 要求参与者确定下一步重要行动。
5. 进一步证明他们的习惯性防卫和玩弄花招行为。

人力资源副总裁及其高层管理人员一起面见了首席执行官，他们没有提前把清单交给首席执行官，然而，首席执行官亮出了自己的清单。

首席执行官首先表述了他认为人力资源部门应该关注的问题。他的清单与员工代表们的说法非常接近，首席执行官提醒他们，他是从人力资源部被提拔到当前职位的，有多年与人力资源专业人员打交道的经验。他承认自己对当前的某些问题负有责任，并且要求他们也审视自身对这些问题的责任，如表 8–2 所示。

表 8–2 首席执行官对人力资源部门的疑虑

人力资源专业人员的抱怨	首席执行官的疑虑
你们表示，对于绩效评估、员工关系处理等常规但重要的人力资源问题，你们已经厌倦了手把手教导直线经理，你们要求出台一项禁止手把手教导的规章制度	我可以拟定这样的政策，但我认为这种政策难以执行。当我还是一名工厂经理时，就已经存在这种政策，但我从未执行，我会尽力把自己的职责委派给人力资源专业人员。你们的要求是不合理的，这是在让我推卸自己的责任。消除抱怨的方法是改善你们与直线经理的关系
你们表示不满权利被削弱的感觉。你们想要一个使命宣言或一个愿景，从而减少权利被削弱的情况	关于使命宣言，这份清单可以充分表达我的观点。我听说你们不能拟定一份更妥善的清单。或许权利被削弱是因为你们的思考和行为方式
你们抱怨组织中存在反对人力资源部门的观点	许多直线经理认为你们持有一种反对他们的观点
有人声称厌倦了在直线经理面前掩盖自己的想法。你们想要制定人力资源规章制度，以改善与直线经理的关系	我希望你们把心里的想法说出来。据我所知，许多人力资源专业人员确实会说出自己的想法，但问题在于，当他们说出想法时，似乎没有进行严密的分析和推理，因此很快就会打退堂鼓
你们希望团队以人力资源专业人员为主，想在最高管理层占一席之地	我支持你们的想法，机会就在那里，你们需要努力争取，但只要我们刚才讨论的问题没有解决，你们就无法达到这个目的

首席执行官离开后，其他参与者继续进行讨论。他们承认，首席执行官坦率且毫无保留。他们还认为，首席执行官愿意听取意见，但也有某些成员表示怀疑。他们认可首席执行官的某些建议，但并非全部。他们愿意进一步审查自己的行动，看看能否提高成效。

第三阶段

第三阶段的策略包括下列 5 个步骤。

1. 认可首席执行官对问题的诊断。
2. 讨论双方观点的异同。
3. 明确两种观点之间的张力和冲突。
4. 让人力资源高管了解首席执行官的解决方案，让他们根据自己的立场对该方案提出疑问。
5. 要求人力资源高管确定下一步行动，包括采取哪些措施来促进组织发展。

第四阶段

在各小组的会议上，人力资源高管介绍了与首席执行官的沟通情况。多数人认为，首席执行官对待质疑的态度坦率且开放，显然，下一步就看人力资源专业人员的行动了。

尽管很多人支持这个结论，但没有一个小组采取行动。人们也许会说，这是一种置之不理的沉默。但这本身就是一个明确的信息，即人力资源副总裁允许这种问题在整个人力资源部门中存在。

几个月后，人力资源副总裁参加了一场会议，其间提出了人力资源和组织发展专业人员权利被削弱的问题。人力资源副总裁建议为此设立一个委员会，由德高望重的人力资源管理人员和少数几位直线经理构成，委员会将负责为人力资源管理人员赋予新的职能，以减少他们的权利被削弱的感觉。

第四阶段的策略旨在增强人力资源专业人员应对挑战的主动性，他们以往主要是以沉默应对。一旦走到这一步，人力资源副总裁就会主动采取措施，他成立委员会，以便为解决人力资源问题——人力资源管理人员权利被削弱的问题，出谋划策。

该委员会首先列出了人力资源管理人员效率低下的原因，这份清单与前几次会议上提出的其他几份清单类似。[①]

1. 最高管理层对企业人力资源部门的使命模糊不清，导致人力资源管理人员角色模糊。
2. 人力资源管理人员当前的角色描述如下：“我们通

① 这个阶段是在戴安娜·阿吉里斯（Dianne Argyris）的指导下开展的。

常就像是公司管理层招徕的小厮，当受到直线经理的威胁时，我们不得不服从。”“直线经理想让我们做那些脏活或琐碎细致的工作。”

“直线经理希望我们做所有其他人的工作。如果某种工作没人干，那就由我们做。我们是全能的，样样精通，或者样样擅长。”

“人力资源管理人员必须审时度势。他们必须配合直线经理采取的人事行动。如果不这么做，他们就会陷入困境。”

“在直线经理心目中，人力资源管理人员是二等公民，不是组织运行的核心人员。”

“人力资源管理人员没有专属权力。在与直线经理对垒时，人力资源管理人员不指望能得到人力资源高管的支持。”

“人力资源管理人员没有得到自认为应得的认可与赞赏。”

为什么人力资源管理人员没有与他们的直线经理直接解决这些问题呢？他们的理由是：第一，这么做可能是一种职业自杀行为；第二，人力资源管理人员不相信直属上司会支持他们。正如我们所见，这两个理由都对，但原因不同。例如，质疑直线经理可能是一种职业自杀行为，原因在于人力资源管理人员不擅长质疑，而不是直线经理的问题。直线经理确实可能有问题，但如果人力资源管理人员不能掌握向直线经理提要求的技能，那么后者就不太可能应人力资源管理人员的要求检查这些不足。

人力资源管理人员对解决上述问题的建议

人力资源管理人员建议让他们在企业中扮演新角色，包括下述 5 个方面。

1. 作为变革的推动者。
2. 承担更多责任，并重视过程导向。
3. 成为企业运营不可或缺的一部分。
4. 在人力资源管理领域，如培训、劳动力分配、工作设计、职业规划等方面，发挥主要作用。
5. 影响并引导直线经理构建更有效的员工关系，并对需要人力资源管理人员参与的情况保持敏感。

一方面，人力资源管理人员建议，让他们在组织发展和其他推动变革的工作中承担更多责任。另一方面，人力资源管理人员的诊断表明，他们与直线经理的关系不利于推动变革，如直线经理把人力资源管理人员视为二等公民，且软弱可欺，不理解业务，甚至认为他们会阻碍业务。

还有一个更大的困境。一方面，人力资源管理人员准备以自身的信誉为担保进行组织变革。另一方面，他们却没有改变自身行为的实际行动，如果人力资源管理人员做不到这些，那么他们如何帮助直线经理意识到自身的不足呢？

人力资源管理人员对自己没有能力提出更好的诊断和建议感到不满，他们知道直线经理在以前的场合质疑过这一点。他们想知道，能否提出一套有望落实的新建议。我们受邀帮助这些参与者回答该问题。

我们建议，第一步，检验诊断中的假设的有效性。如果直线经理改变了自己的行为；如果人力资源部门提出了更有效的新使命宣言；如果人力资源高管在人力资源管理人员与直线经理的交往遭遇困难时提供更有力的支持，那么人力资源管理人员会更有成效吗？人力资源管理人员同意检验这些假设。

因此，诊断策略转变为揭示人力资源管理人员在与直线经理交往时的熟练的无能程度。我们的诊断工具是第 2 章介绍的案例研究法。

人力资源管理人员撰写了案例并交给我们。我们随后检查其实用性，然后安排了一场研讨会。此次研讨会的核心议程是案例分析，一项关键成果是人力资源管理人员制作的一幅地图，该地图表明他们解决问题的方式具有妨碍性。

如同第 2 章案例中的高管，人力资源管理人员学到的主要经验是如何对权利被削弱的现象履责。参与者告诉每个案例的作者，其中描述的权利被削弱的现象策略和行动本身就会导致权利被削弱的现象。

对前 6 个案例进行分析后，诊断开始变得重复。参与者转而重新设计他们的对话。可以预测，他们开始认识到仅仅有见解和意识是不够的。他们现在明白，自己知道了问题所在，但这种进步并未引导他们设计出新对话。

他们把注意力转移到学习Ⅱ型使用理论并践行Ⅱ型社会道德上，从而绘制了一份地图，该地图与第 7 章介绍的是同一类，都涉及导致他们的权利被削弱的组织习惯性防卫和玩弄花招行为。地图生动展现了他们必须克服的困难，他们随后建议人力资源全体人员参加一系列研讨会，以学习新理念和技能。

顺便说一下，这群参与者并未轻易在写给同行的报告中指出："我们发现的敌人，就是我们自己。"他们担心别人是否会相信这一点。他们还担心，该报告可能引起高层直线经理的负面和破坏性反应。

参与者的许多同事都认为报告如实反映了问题，有很多对困境的描述和引用，让人想起大家常提到的问题，以及大家试图减少权利被削弱现象时的行为方式。首席执行官以及人力资源副总裁对此深表支持，公开表扬撰写报告的 20 名人力资源管理人员有见解和勇气，并承诺为再培训项目继续提供必要的资源。首席执行官表示，这份报告帮他卸下了大量包袱，因为它使得以前不可讨论的事项变得可讨论了。

以前开启的项目仍在延续。多名人力资源管理人员和组织发展专业人员参加了研讨会，以便减少自身所带的熟练的无能和组织习惯性防卫。他们逐渐开始重新设计培训课程，如领导力、团体成效、文化变革等方面的，以便在课程中引入他们掌握的新思想和新技能。

还有些人取得了更大的成功。他们建立了若干小组，小组成员随时可以相互帮助，持续学习。小组成员坚持不懈，所学内容的遗忘曲线非常平缓。

开始了解新思想的直线经理和专业人员要求学习这些课程，某些曾经顽固抵制变革的人力资源管理人员和组织发展专业人员开始加入变革行列。某些人尝试后发现这比想象中更困难，也有人认为采用新方法不可能取得成效，但他们都能与小组中的其他人讨论自己的观点，这对那些在组织内外寻找不同工作的人大有裨益。

一个由新项目结业者构成的团队制定了关于绩效薪酬的地图，见第 7 章。请回想一下，他们曾提出，如果最高管理层决定回避组织习惯性防卫，那么应该公开说出来。高层开展几次讨论后，首席执行官认为回避策略不是首选，他还指出，最高管理层必须审视自身的回避和掩盖策略。经过两年的努力，某些人力资源高管开始在最高管理层占据一席之地。

学习新理念和新技能有多难

如果所谓“难”指理念的复杂性，那其实这并非难事。人们对Ⅰ型使用理论与Ⅱ型使用理论都不陌生，并且能够立刻识别。在Ⅱ型使用理论下，人们并非必须学习一种新理论或陌生的理论，此处的“新”在于使这些观念成为使用理论的构成部分。

实现这一点所需的再培训过程也不难，最重要的是实践，大部分实践可以在处理重要业务问题时进行。例如，某咨询公司的首席执行官和直接下属在解决战略问题的同时推进培训和实践过程，见第2章；初创的建筑和房地产开发公司在界定岗位描述的同时推进培训和实践过程，见第6章；某家分权化大型公司通过重新设计自身的使命开启培训和实践过程，见第4章。

遗忘现象似乎不存在。人们一旦理解了这些观念，掌握了这些技能，似乎就不会遗忘。在某些情况下，由于新首席执行官上任，人们可能几个月不会运用这些观念和技能，但当条件成熟时，他们可以毫不费力地快速进入状态。

学习的关键是人们在自省、质疑、思辨等方面的坦率程度。例如，某位高管曾说："当你向我们介绍 7 项普遍偏差时，我立刻就能识别出来。"我表示同意。"然后，当你向我们展示修改后的清单，并告诉我，如果我认可第一份清单，就一定对那份规则清单非常熟悉，我觉得这很可笑。"在这个案例中，这位高管非常坦率，并且愿意同我以及在场的其他人对话。结果，他把握了关键所在，想知道自己是如何在无意识的情况下运用这些规则的。他对进一步的探究和试验持开放态度，如果他说"这很可笑"并固执己见，那么他几乎不会再学习了。

这个案例表明有两类防卫。Ⅰ型防卫，指人们积极捍卫自己的观点并且持开放态度。Ⅱ型防卫，指人们捍卫自己的观点并且固执己见。需要指出的是，Ⅱ型防卫最具破坏性的形式不是有人说"我不相信它"或"我将不会相信它"，而是人们坚持认为自己是正确的、坦率的，而其他人是错误的、顽固的。第 4 章关于玩弄花招的案例阐述了最具破坏性的Ⅱ型防卫，尤其是若高管玩弄花招，那么破坏性会更大。

组织防卫模式也可能导致人们选择Ⅱ型防卫。对于改变自身的防卫模式，人们可能感到非常无助，以至于本能地做出固执己见的反应。

尽管如此，这不代表一切必然没有希望。我们经常帮助管理层设计干预措施，着手处理人们真正想解决的问题，并通过使其参与方案的设计和落实来实现这一点。随着小范围的干预措施奏效，人们会提高要求。

结论

我们已经认识到，克服组织防卫是可能的，目前已有6个被验证过的步骤。

1. 诊断问题。
2. 把诊断结果与参与者的实际行动联系起来。
3. 向参与者展示其行为如何导致了组织防卫。
4. 帮助参与者改变自己的行为。
5. 改变强化旧行为的习惯性防卫。
6. 构建新组织规范和新组织文化以强化新行为。

OVERCOMING
ORGANIZATIONAL
DEFENSES

第 9 章

提高要求

不能再忽视组织防卫了，尤其是不能对其进行回避并加以掩盖。相比于组织防卫和玩弄花招，最糟糕的是否认其存在。这不仅让我们对正在发生的问题视而不见，还让我们对自导自演的行为视而不见。

从组织上否认这些问题的存在，以及否认这种否认行为可能导致组织被自身的防卫扼杀，就连这样的结果也会被否认。

最大限度地减少组织防卫的实践

组织防卫活动的负面后果犹如环境污染，随着时间的推移逐渐显现，其主要原因如下：第一，组织会尽最大努力延缓防卫达到饱和点，而达到饱和点后，防卫才会占据主导地位。人们希望可以通过把自身的活动设计得易于落实、易于常规化，并且只需单环学习就可以有效掌握这一方法，来降低令人感到尴尬或威胁的可能性。

第二，经理们不断提出观念、设计程序，这些观念和程序可以更准确地察觉偏差，并且不受人们为了自我保护而加以扭曲的倾向影响。这种未受扭曲的观念的发展，正是推动战略、财务、会计、制造、营销等部门变得更严谨的过程。这种严谨性有望为组织的行动和政策引入更具建设性的推理。潜在的假设是：人们越重视根据建设性推理的学科来管理组织，激活防卫性推理的概率越低，即便防卫性推理出现，也容易予以纠正，甚至使其停止。

由于所有职能部门都有一套技术观念和程序来完成建设性推理，所以其理论似乎是可信的。问题在于，技术观念和程序不能自行落实，而是需要人来执行。一旦人介入，就会带来熟练的无能、组织防卫、玩弄花招及随之而来的组织萎靡。但除非恰当落实职能部门的规定引起了尴尬或造成威胁，否则这些问题都不会被激活。届时，组织防卫将削弱职能部门提供价值增值的潜力——具有讽刺意味的是，恰恰是在组织最需要价值增值的时刻。

使组织防卫的妨碍性后果最小化的另一个策略是，将团队管理理念和实践从单方面控制转向第 7 章所描述的参与和内部承诺。该策略追求培养对尴尬和威胁有更高容忍度的人员，他们激活熟练的无能和组织防卫的可能性更低。

参与和内部承诺策略的研究出发点表明，每当工作需要人们发挥实际才能并激活其成长潜力时，他们就会释放出更多的能量，并在察觉和纠正偏差方面更坚定。该假设的问题不在于它是错误的，而是对制定一项主要的组织战略而言不完善。

人类在自我保护方面具有非凡的创造力，可以形成非常强大的个人和组织防卫，这种防卫力量在很大程度上体现于绩效差和绩效平庸以及反学习。迄今为止，关于新型管理的著作都强调人们高效和主动工作的能力，诚然，这些著作可能提醒我们注意个人和组织防卫，但很少提到防卫如何抑制上述能力。

我采访过一位极受欢迎的工作再设计顾问。我提到个人和组织防卫对他倡导的新管理设计具有负面影响，他认识到这些防卫确实存在，并表示他曾提醒客户，要想避免由防卫主导新设计，需要很大的勇气来克服防卫。问题的关键在于，他有几本厚厚的著作，详细论述了如何设计并落实高绩效的工作系统，但只有几页内容是在警醒人们如何应对熟练的无能和组织防卫造成的负面后果。

防卫不能阻碍在员工参与和承诺方面的全部进展。持续落实而引发尴尬或威胁之时，就是取得进步之时。届时，如果相关人员没有掌握新技能，组织没有奖励运用新技能的政策，那么就可能引发团队的失望感和无力感，最终又激起以往的愤世嫉俗情绪。当这种情绪和未来的梦想交织在一起时，组织防卫的力量就会增强，在组织中的根基又会加深。

提高要求的思维方式

尽管防卫发展趋势可能非常广泛且不易阻挡，但它们是可以改变的。我们正在开发的学习过程相对简单，比较容易进行日常实践，无须给予太多关注而影响其他工作，并且似乎有一个非常好的效果，即其遗忘曲线非常平缓。此外，解决特定问题的技巧也可用于解决其他问题。

掌握相关能力的关键是让相关人员培养下列 4 种思维方式。

1. 相关人员应该停止视理所当然为理所当然，他们应该分析显而易见的事情背后是否还有不被人们所知的事情。
2. 相关人员应该以毫不功利的态度对待学习，这样才能发现“无意外”政策为什么可能会导致更重要、更有害的意外。
3. 所有相关人员都应该认识到，在某种程度上自己应该为组织防卫的形成、强化、维持承担个人责任。相关人员有责任诊断自己的贡献并减少组织防卫。
4. 相关人员应该明白，建设性推理对解决人际问题和技术问题同等重要。

新思维方式与组织内在矛盾

需注意的是，运用这些新思维方式来思考那些影响很大却难以察觉的因素非常重要，这些因素被发现之时常常为时已晚。这些因素指管理理论中的内在矛盾，其中之一是，当前对组织进行理性管理的设计往往会在组织中造成不公正。这种不公正会让人感到尴尬或威胁，从而激活组织防卫，进而导致非理性的后果。这种矛盾是如何产生的呢？

人人都明白，与管理组织有关的信息应该是有效的、及时的、“用户友好型”的。为满足这些条件，信息系统的设计必须考虑到人类思维的能力和限制条件。

以某个等级制组织为例，处于较低层级的是一线主管，接着是二线主管，依次向上，直至最高层。在此，我重点讨论一下一线主管和高管所需信息的性质。

一线主管管理一小群员工，高管负责管理整个组织。我们把一线主管使用的信息系统称为现场系统。所谓“现场”，指该系统靠近一线和执行现场。我们把高管使用的信息系统称为远程系统。所谓“远程”，指该系统远离一线和执行现场。

每个信息系统需要不同类型的信息。例如，小型生产团体的一线主管通常处理具体的、团体特有的、经验性的、有隐含逻辑的信息。这些信息难以形成某种趋势，或者难以同其他团体进行对比。一线主管称团队成员为玛丽、乔、比尔，他们往往使用具体的、充满感情色彩的、主观的话术来描述自己的下属，往往对把团体作为类别或数字的信息系统感到不满，往往拒绝与其他团体比较，因为他们都认为自己的团体独一无二。

高管为整个组织负责。人类大脑无法掌握数百甚至数千个团体的所有信息，高管也不可能以独一无二的方式对待每个团体。实际上，在某些案例中，高管采取个别化的对待方式是错误的，因为偏向某个团体会造成不公。因此，高管需要更概括、更客观、更具逻辑性、更具可预测性和可比性的信息。

一线主管和高管对各自的信息的使用情况会直接影响其工作成效。对于如何处理不同类型的信息，一线主管和高管各自掌握了一套技能，他们对不同类型信息的利用能力也会直接影响个人的成就感和自信心。这意味着，一线主管的成就感和自信心将与现场信息的使用情况相关联，高管的成就感和自信心将与远程信息的使用情况相关联。

此外，一线主管可能认为抽象的、客观的、远程的信息系统不公平、不公正、不人性化，高管可能认为基层员工所提出的请求不公平、不公正、不人道。因此，组织存在可能导致尴尬或威胁的对立冲突，一旦这种力量被激活，团队也会激活本书中描述的回避和掩盖策略。一旦这些策略被激活，产生无效或扭曲信息的可能性就会增加，或者信息的时效性就会减弱，任何一种后果都会导致信息无法使用。

因此，我们面临一个悖论：为提供有效的、及时的、“用户友好”的信息而设计的信息系统，若使用不当，反而会为无效的、不及时的、“用户不友好”的信息的产生创造条件。

让我们思考一下这些现象形成的始末。它们形成的前提：存在低层级的领导者和高层级的领导者。为了进行管理，每个层级的领导者都需要信息，现场信息适用于低层级的领导者，远程信息适用于高层级的领导者。如果仅仅如此，那这样的差异似乎还没有为内在矛盾埋下种子。然而当我们询问，这些前提可能对人们的成就感和自信心，以及公信力产生哪些影响时，矛盾就出现了。当我们进一步指出这种影响可能令人感到尴尬或威胁时，这种矛盾就会更尖锐，反过来，这又会制造具有妨碍性的后果。

我认为，所有层级的领导者都应该学会深入进行这种反思，从而认识到貌似理性且直截了当的行动可能会造成妨碍性后果。如果缺少这种反思，组织中这种具有妨碍性的和直截了当的活动会越来越多。但是，这种直截了当的状况是不可讨论的。

道德规范与组织防卫模式

安德鲁斯（Andrews，1989）的书中指出，坦诚与信任是组织中道德行为建设的关键之一。然而，其书中的案例几乎没有说明熟练的无能和组织防卫如何促进了不道德行为的产生。

不道德行为要想取得成功，必须暗中进行。当探讨偷窃或诈骗这类不道德行为时，大家能够清楚地理解这一事实。执法部门的任务是揭露被掩盖的行为，或发现法律漏洞。

本书针对的不是那一小部分“进行偷窃或诈骗”的员工，而是绝大多数员工，他们自己助长或共谋助长了防卫行为，这些行为也被设计得只能在暗中进行，且这种掩盖行为持续了许多年，被认为是理所当然的。这些积重难返的日常行为，致使人们对自己正在制造的道德污染麻木不仁。

人们以前从未认识到，自己驾驶的“油老虎”助长了污染现象。一旦人们认识到并理解了这一点，可能就会通过合作来改变自己的行为，并愿意制定相应规章制度来促进合作。

然而，仅仅通过法律和规章制度来对抗组织习惯性防卫、玩弄花招、组织萎靡现象几乎毫无作用。美国类似的法律早已生效，但没有发挥出应有的作用，如禁酒令[1]。根本的解决之法在于每个人都要自我管理，并推动建设以自我管理为荣的组织。

① 禁酒令是指 1920—1933 年美国推行全国性禁酒，反而导致私酿酒猖獗、假酒泛滥，引发了许多社会问题。——译者注